Soul Creation

Manifestieren aus der Seelenfrequenz

Soul Creation®

MANIFESTIEREN AUS DER SEELENFREQUENZ

Erkenne deine Seelenaufgabe und entfalte dein volles Potenzial durch die Energie der Wunder

Lisa Wallner

Impressum

Druck und Vertrieb: Independent Publishing by Amazon
Lisa Wallner, 2022
www.lisawallner.com

team@lisawallner.com
www.facebook.com/groups/soulcreation1
www.instagram.com/lisawallner_coaching

ISBN: 978-3-200-08146-8
2. Auflage

Anschrift:
Lisa Wallner
Wiedner Hauptstraße 65
A-1040 Wien

Buch-Mentorin und Vermarktung: Heike Paschke, www.heikepaschke.com
Lektorat: Ingrid Elisabeth Herzig, www.texteherz.de
Cover: Claudia Sperl, www.labelschmiede.com
Layout: Katja Zimiak, www.buecherklinik.de
Fotos: Carina Ott

Inhalt

Soul Creation®

Manifestieren aus der Seelenfrequenz

Dein Geschenk:

Ich habe für dich kraftvolle Meditationen aufgenommen,

die du als Bonusmaterial kostenfrei zu diesem Buch erhältst.

Du kommst zum Bonusmaterial über diese Seite:

www.lisawallner.com/soulcreationbonusbuch

Vorwort

Es ist wunderbar und bestimmt kein Zufall, dass du gerade jetzt dieses Buch in Händen hältst. Vielleicht hast du um ein Zeichen des Universums gebeten, weil du an einer wichtigen Weggabelung stehst und dir schon lange denkst: Das kann doch noch nicht alles gewesen sein?! Vielleicht versuchst du schon lange zu manifestieren, aber die großen Ergebnisse bleiben bislang noch aus.

Voilà, hier ist dein Zeichen! Du hältst mein Buch in Händen.

Jeder Mensch hat einen einzigartigen Auftrag, eine Seelenaufgabe, eine Bestimmung hier auf Erden. In diesem Buch geht es nicht nur darum, diese Seelenaufgabe zu erkennen, sondern auch ihr volles Potenzial zu verwirklichen! Du wirst verstehen, wozu du hier bist und dich an deine wahre Schöpferkraft erinnern. Und du erhältst viele praktische Tipps, wie du endlich ins Tun kommst und aus dem Rad des Verzögerns aussteigst.

Vielleicht kennst du deine Seelenaufgabe bereits, spürst aber, dass da noch viel mehr in dir steckt, was entdeckt werden möchten. Wenn du mit deiner Seelenaufgabe und der Kraft deines Unterbewusstseins nachhaltigen Erfolg manifestieren willst, dann ist dieses Buch genau richtig für dich. Denn in diesem Buch wirst du Wege finden, deine Ziele noch größer zu stecken und dein Unterbewusstsein so zu programmieren, dass dir nichts mehr im Wege steht, um deine Seelenvisionen mit der Energie der Wunder zu manifestieren!

Ich habe mich mein Leben lang mit den universellen, geistigen Lebensgesetzen beschäftigt und habe tatsächlich nie etwas anderes gemacht, als Menschen dabei zu helfen, ihre Potenziale zu entfalten. Ich empfinde es als Privileg, anderen Menschen zu dienen und sinnerfüllt zu leben.

Mein „Warum“ ist es, Menschen daran zu erinnern, wer sie wirklich sind. Es ist so viel Kraft, Licht und Potenzial in uns allen und wir sind zu so viel mehr fähig, als wir uns vorstellen können. Wenn wir uns an unsere innere Kraft und die Schönheit unserer Seele erinnern, können wir Wunder manifestieren.

Es gibt einen Plan, einen göttlichen universellen Plan, und jeder Mensch hat eine einzigartige evolutionäre Aufgabe darin. Deine Aufgabe ist in deiner einzigartigen, energetischen Signatur enthalten. Sie ist dir innewohnend und du bringst sie in dieses Leben mit. Mach es dir zum Auftrag zu erkennen, wer du wirklich bist und dich daran zu erinnern, wozu du hierhergekommen bist. Wenn du dich daran erinnerst und dich mit deiner Seelenaufgabe verbindest, verbindest du dich mit dem Universum selbst.

Doch was ist dieses Universum, von dem alle immer sprechen? Das Universum ist eine namenlose Potenzialität, ein Feld an unendlichen Möglichkeiten. Und du bist damit verbunden. Das Universum ist die Quelle oder Gott. Diese Quelle spiegelt sich in dir. Du bist eine vollständige Einheit dieser Gesamtheit und diese Quelle drückt sich durch dich aus.

Lass das Leben und dieses Buch dir offenbaren, was das Universum und deine Seelenaufgabe ist.

Ich wünsche dir viel Freude und Inspiration beim Lesen!

Deine Lisa

Seelenaufgabe und Potenzial

In diesem Kapitel erfährst du, was der Unterschied ist zwischen seelengeführtem Manifestieren und Manifestieren, das aus dem Ego kommt. Du wirst dein Geschenk entdecken, das du für diese Welt mitgebracht hast und dich daran erinnern, wie viel unbegrenztes Potenzial dir innewohnt.

Was ist die Seele?

Die Seele ist die Ausdehnung der Gegenwart Gottes in deinem eigenen Bewusstsein. Es ist der Teil in dir, der in Verbindung mit dem gesamten Universum steht. Der Teil, der weiß und fühlt, dass er EINS ist mit allem, was ist. Unser spiritueller und göttlicher Kern ist absolut perfekt und strahlend. Er ist all-wissend, all-mächtig und allgegenwärtig. Er ist verbunden mit allem, was es gibt. Er ist Spiegel dieser all-umfassenden Energie.

Wir sind spirituelle Wesen mit einer menschlichen Erfahrung und manchmal vergessen wir, wer wir sind. Doch wir können uns erinnern und uns neu entscheiden. Die Übung ist, uns dessen gewahr zu werden, was wirklich ist. Alles, was du willst, ist nur eine Entscheidung entfernt und unsere Aufgabe ist es, diesen wahren Kern an die Oberfläche zu bringen.

In dir sind tiefe Reserven an Potenzial – und die wollen raus! Sie wollen der Welt geschenkt werden. Das Wunderbare daran ist: Alles, was du ausdehnst, wird immer zu dir zurückkehren. Jeder Gedanke, jede Emotion und jede Energie kehrt unweigerlich zu dir zurück. Das ist ein universelles Gesetz, ein Lebensgesetz. Universelle Lebensgesetze verändern sich nicht. Sie sind allgemeingültig und ewig – eben universell. Du kannst alles im Leben manifestieren und erschaffen, wenn du dich an diese Gesetze hältst. Wenn du sie wirklich verstehst und dem Universum die Erlaubnis gibst, für dich zu arbeiten und dir zu helfen. Dann lebst du in deiner Schöpferkraft, angebunden an das Universum und die Quelle. Du weißt, wer du bist. Du bist Schöpfer deines Lebens. Wenn du dich daran erinnerst, wer du wirklich bist, wenn du deiner wahren Natur, deiner Seelenfrequenz, Raum gibst im Leben, wirst du nicht nur verstehen, wozu du wirklich hier bist, sondern das höchste Potenzial deiner Seelenaufgabe leben können und damit Freude und Sinn im Leben manifestieren.

Doch wie erinnern wir uns daran, wer wir wirklich sind? Indem wir es wollen! Stelle dir diese Frage jeden Tag. Wer bin ich?
Jede Frage, die du stellst, wird vom Universum beantwortet werden, auch das ist ein Gesetz.

Um deine Seelenaufgabe zu erkennen, darfst du deine Seele zunächst spüren, indem du still wirst und nach innen hörst. All die Antworten auf alle Fragen sind bereits in dir verborgen. Ist das nicht großartig? Die einzige Voraussetzung, die es benötigt, die Bestimmung deiner Seele zu finden, ist: dass du es willst. Lass deine Bestimmung dich finden und das Leben sie dir offenbaren. Unsere Seelenfrequenz ist unsere ureigene Energie, unser Ur-Klang und sie zu entdecken ist eine wunderschöne, aufregende Reise. Genieße diese Reise. Sie ist so einzigartig wie deine Seelenfrequenz.

Jeder Mensch ist auf diese Erde gekommen mit einer einzigartigen Seelenfrequenz. Stell es dir vor wie eine energetische Signatur. Genauso wie du einen Fingerabdruck hast, hast du auch einen energetischen Fingerabdruck oder eine energetische ID. Je näher du dieser ureigenen Energie bist, desto gesünder, glücklicher und wohlhabender bist du im Leben. Alle Probleme, egal ob sie materiell, geistig, seelisch oder psychisch sind, entspringen der gleichen Ursache. Die Ursache aller Probleme ist die Trennung und die Angst. Es gibt ein Problem und es gibt eine Lösung. Das Problem ist die Angst und die Lösung ist letztendlich immer die Liebe. Liebe bedeutet, dich in der Einheit verbunden zu fühlen.

Die Wahrheit ist, dass du EINS bist mit der Quelle. Du bist EINS mit allem, was ist. Die Trennung ist eine Illusion.

Der Weg des Erwachens ist der Weg zurück zur Liebe. Wenn du dich mit der Liebe verbindest, verbindest du dich mit deinem wahren Selbst. Einer meiner Lehrer hat einmal gesagt, der Weg des Erwachens ist nicht der Weg ins Licht, es ist der Weg in die Dunkelheit. Was hat er damit gemeint? Auf der Reise zurück zu deiner Essenz, zu dieser universellen Liebe, dem Teil in dir, der sich nie getrennt fühlte, wirst du jeden Anteil, jeden falschen Gedanken der Trennung, jeden Schatten konfrontieren müssen, den du je gedacht hast.

Die Wahl, die wir dabei haben, ist, wie wir diese Reise erleben wollen! In Freude oder in Schmerz. Im Schneckentempo oder in Lichtgeschwindigkeit. Wunder setzen die Gesetzmäßigkeiten von Ursache und Wirkung außer Kraft und sind eine immense Beschleunigung auf dieser Reise zurück zu dir selbst.

Ich habe mich viele Jahre mit dem metaphysischen Werk „Ein Kurs in Wundern" beschäftigt. Folgendes Zitat daraus möchte ich gerne mit dir teilen:

„Das Gegenteil von Liebe ist Angst, doch was allumfassend ist, kann kein Gegenteil haben."

Wunder sind unser Geburtsrecht. Sie sind immer möglich. Egal, in welcher Situation du dich gerade befindest und wie verworren oder schwierig sie erscheinen mag.

Erinnere dich: Es ist immer alles möglich!

Nimm eine neue Perspektive ein und sei radikal ehrlich. Wähle den schnellen Weg: den Weg der Wunder. Der Weg der Wunder ist aufregend, mühelos und voller Überraschungen. Erwarte das Unmögliche. Das einzige Hindernis sind immer wir selbst.

Unsere Paradigmen, unsere Angst und vor allem unsere Zweifel. Die geistige Welt wartet sehnsüchtig darauf, durch dich und für dich Wunder zu bewirken, doch sie kann die Blockaden, die dir im Weg stehen, nur lösen, wenn du es wirklich willst und zulässt.

Lass all die falschen Selbstbilder los, die dich davon abhalten zu fühlen und zu wissen, wer du wirklich bist und was deine Seele wirklich manifestieren will. Wir meinen, dass die Ursache unseres Glücks im Außen ist. Das ist ein Missverständnis. Es ist eine falsche Wahrnehmung. Das Ego ist lediglich eine Brille, die du aufsetzen und abnehmen kannst, eine Wahrnehmungsbrille. Was wäre, wenn du dir erlaubst, diese Brille jetzt auszutauschen? Was wäre, wenn du dir erlaubst, durch die Augen der Liebe zu blicken? Durch die Augen der Einheit? Es ist ganz leicht. Es ist schlicht und ergreifend eine Entscheidung und ein Perspektivenwechsel. Konfrontiere radikal jeden Gedanken, der nicht wahr ist (nicht liebevoll ist) und lass ihn los. Jeder limitierende Gedanke kann durch einen Gedanken der Liebe ausgetauscht werden. Du bist dabei nicht alleine. Du hast ein ganzes Universum, das hinter dir steht. Du hast dein geistiges Team und deine Seelenfamilie, die zu dir gehört. Du hast eine unendlich schöpferische Intelligenz in dir, mit der du verbunden bist. All das ist nur für dich da. Je mehr du vertraust, je mehr du loslässt, je mehr du deine Angst und deine Zweifel über Bord wirfst, desto schneller wird dein Fortschritt sein. Halte dich an die Energie der Wunder, und du wirst sehr schnell sein. So schnell wie Licht.

Frage dich: Wie kann es leichter gehen? Wie kann es schneller gehen? Wie kann ich das Problem anders sehen? Und am besten: Streiche das Wort „Problem“ gleich aus deinem Vokabular und ersetze es mit „Herausforderung“ oder „Wachstumschance“. Nimm eine konstruktive Haltung ein. Haltung ist das magische Wort, sagte schon Earl Nightingale.

Jedes Mal, wenn du das Gefühl hast, es gibt ein Problem, nimm eine neue Perspektive ein. Denke an einen Menschen, einen Mentor oder Mentorin, die du bewunderst und frage dich: Wie würde diese Person diese Situation wahrnehmen und sich verhalten? Wie würde dein erwachtes Selbst reagieren? Und was würde die Liebe tun?

Ich liebe Katie Byron, weil sie diesen wunderbaren Prozess mit simplen Fragen entwickelt hat. Sie schreibt darüber in ihrem Buch „Lieben was ist“. Die Fragen sind:

Wer bin ich ohne diesen Gedanken?
Was würde die Liebe tun?

Unsere Gedanken erschaffen unsere Realität. Die Gedanken bestimmen die Gefühle und die Gefühle beeinflussen unsere Schwingung. Das ganze Universum schwingt und über das Gesetz der Resonanz ziehst du Menschen und Ereignisse in dein Leben, die so schwingen wie du selbst. Deshalb kannst du alles, ja alles (!) in deinem Leben verändern, indem du deine Gedanken, Gefühle und deine Schwingung änderst!

Im Opferbewusstsein versuchen die Menschen die Lösung des Problems im Außen zu finden. Sie suchen die Ursache ihrer Probleme in der Mechanik, im Symptom. Dieses Denken ist immer eine Sackgasse, im Grunde genommen eine Verzögerungstaktik deines Paradigmas. Dein Paradigma ist ein tief sitzendes Programm in deinem Unterbewusstsein und es will nicht sterben, es will bestätigt werden. Ein erlerntes Verhaltensmuster, oder besser Bündel aus Verhaltensmustern, das aus deinen Überzeugungen, Glaubenssätzen und Prägungen besteht. Es will nicht, dass du dich veränderst. Doch tief drinnen wissen wir immer, wo die Ursache ist. Alles ist eine Wahl und es gibt keine Opfer. Unser Standpunkt kreiert unsere Realität. Wir sind die Ursache unserer Erfahrungen und wir können sie verändern.

Wir haben die Wahl, welche Perspektive wir einnehmen wollen. Wenn etwas ganz Schlimmes im eigenen Leben oder kollektiv passiert, hat es immer auch etwas sehr Gutes, das darin verborgen liegt. Meistens können wir es nicht sofort erkennen, doch wir können uns in den

Momenten der Dunkelheit daran erinnern, dass auf jede Nacht immer der Tag folgt. Dass auf jede Ebbe die Flut folgt. Es ist ein Gesetz und dieses Gesetz verändert sich nicht. Wenn du das Geschenk nicht sehen kannst, dann frage danach. Wie kann ich hier das Geschenk erkennen?

Oder: Welches Wachstum ist durch diese Situation möglich? Was ist jetzt möglich, das ich bis jetzt für unmöglich gehalten habe? Je größer deine Frage, desto größer wird die Antwort sein!

Wir manifestieren die ganze Zeit. In anderen Worten: „Be always the cause" – sei immer die Ursache, erkenne dich als Ursache, egal was passiert! Angenommen, es passiert ein Unglück oder wir werden unfair behandelt. Wir haben die Wahl. Wir können entweder reagieren oder antworten. Die Antwort ist bewusst, die Reaktion unbewusst. Wenn du dich entscheidest, zu antworten, bleibst du in der Eigenverantwortung und lenkst deine Aufmerksamkeit auf das, was du erschaffen möchtest. Wenn du reagierst, dich ärgerst und vielleicht sogar Gleiches mit Gleichem vergelten willst, dann bist du Ursache für mehr Negativität in deinem eigenen Leben. Sei immer die Ursache, und zwar für das, was du wirklich willst. Die Ursache ist im Innen. Gehe nach innen. Dort ist der Schatz begraben. Radikale Eigenverantwortung ist der Schlüssel zur Freiheit.

Unbegrenztes Potenzial

Wahrscheinlich hast du schon viel über Potenzialentfaltung gelesen und dich damit beschäftigt. Lass uns dieses Thema heute mit einer etwas größeren Brille betrachten. Aus der Sicht des Universums.

In diesem Buch spreche ich immer wieder über das Universum. Du kannst es auch „universelle Intelligenz", „Gott", „Quelle" oder eben „unbegrenztes Potenzial" nennen.

Wie du es nennst, ist letztendlich nebensächlich, da es dabei immer um deine Erfahrung geht und nicht um den Begriff. Einigen wir uns darauf, dass wir es Universum nennen.

Was ist das Universum?

Das Universum ist Energie, ein unvorstellbar großes Energiemeer, eine namenlose Potenzialität. Und es dehnt sich aus. Es ist unendlich und dehnt sich immer weiter aus. Alles greift perfekt ineinander und beruht auf Gesetzmäßigkeiten. Alles im Universum strebt nach Harmonie, Balance und Wachstum. Wir können nicht begreifen, wie groß und potent dieses Feld ist, aber die gute Nachricht ist: Wir sind nicht nur Teil dieses Feldes, sondern wir sind es in der Gesamtheit. Im letzten Kapitel dieses Buches schreibe ich vom Erwachen und der Singularität. Singularität ist das Gegenteil von Dualität und bezeichnet die Einheit des Bewusstseins. Dein Erwachen ist die Erkenntnis und Annahme der Singularität, es ist die Erfahrung, dass du EINS bist mit allem, was es gibt. Spannend ist doch, dass „allein" all-EINS bedeutet. Viele Menschen haben Angst vor dem Alleinsein und kompensieren diese Angst durch Beziehungen, denen Tiefe und Echtheit fehlt. Tiefe Verbundenheit und Intimität mit anderen Menschen erreichst du, indem du zunächst mit dir selbst und der Quelle verbunden bist. Denn der Zustand der Verbundenheit entsteht aus dir selbst heraus und nur dann kannst du ihn mit anderen Menschen teilen. Du kennst diesen Zustand der Verbundenheit bestimmt aus Meditation und wenn du in der Natur oder mit einem geliebten Menschen bist. Im Grunde genommen ist dieser Zustand unabhängig von äußeren Umständen, denn er ist singulär und ewig. Dieser Zustand des reinen Seins, des Gewahrseins ist jenseits von Zeit und Raum. Er ist in diesem Feld zu Hause, wo Wunder und Magie nicht nur möglich, sondern selbstverständlich sind. Dieses Feld ist unser Zuhause. Und wir können es in jedem Moment erreichen und fühlen, einfach nur durch unsere Absicht und den freien Willen.

Also: Das Universum ist eine namenlose Potenzialität. Ein Feld an unendlichen Möglichkeiten und wir sind Teil davon. Wir sind dieses Feld und deshalb sind auch wir unbegrenzt! Wir haben uns entschieden, die Begrenzung zu erfahren, indem wir hier inkarniert sind. Wir sind geistige Wesen mit einer physischen Erfahrung. Doch Geist ist unbegrenzt und deshalb sind wir unbegrenzt, wir sind reiner Geist. Weil wir nicht getrennt sind vom Universum, können wir auf diese tiefen und weiten Ebenen des Potenzials zugreifen.

In uns sind tiefe Reserven an Potenzial, an Talenten und Möglichkeiten vorhanden. Und letztendlich ist es nicht nur unsere Aufgabe oder Freiheit, sondern auch unsere Pflicht, diese Potenziale zu entfalten, zu verwirklichen. Doch was bedeutet eigentlich das Wort „Potenzial"? Potenzial bedeutet, dass etwas als Möglichkeit vorhanden ist. Es ist eine Wahrscheinlichkeit bzw. in diesem Feld als mögliche Realität vorhanden. Eine der größten Errungenschaften der Quantenphysik ist die Erkenntnis, dass unser Bewusstsein unsere Realität gestaltet. Wir wählen die Perspektive, mit der wir die Welt interpretieren. Das geschieht meist unbewusst. Der gesamte Prozess der Potenzialentfaltung ist ein Prozess der Bewusstwerdung deiner Möglichkeiten. Und diese sind unbegrenzt.

Wir sind hier, um immer größere Ebenen unseres Potenzials zu aktualisieren. Alles, was du dir vorstellen kannst, ist bereits da. Es existiert in diesem Feld. Kennst du diese russischen Puppen? All die größeren Versionen von dir selbst sind in dir bereits enthalten. Wie die Puppen, die ineinander versteckt sind. Wir dürfen sie entdecken und entfalten lassen. Das Potenzial ist bereits da.

Dein Paradigma ist die aktuelle „Box", in der du lebst. Deine Matrix. Wenn du die Box durchbrichst, dann wartet eine größere Box auf dich, die du entdecken darfst, bis du wieder den Ruf der Seele spürst, der dich weiter gehen lässt und du die nächste größere Box öffnest.

Die Ebenen des Potenzials sind unendlich.

Es ist eine Freude und eine Chance, immer größere Versionen unserer Potenziale zu verwirklichen und die strahlendste Version unserer selbst zu werden, denn unsere Zeit hier auf Erden ist begrenzt und sie ist ein Geschenk. So viele Seelen wollen inkarnieren und bekommen die Chance nicht. Sie sind in Warteschlange. Also: Wenn du das Ticket gewählt und bekommen hast, dann löse die Bremsen und lass uns Vollgas geben. Time is short …

Vielleicht kennst du das Gefühl, du hättest ewig Zeit? Das ist ein Trick. Ein Trick des Egos, das dich bremsen will. Wenn du etwas tun willst, dann tue es gleich. Denn nur jetzt ist der Augenblick der Macht, sagten schon die Huna-Schamanen.

Im Kapitel über Trauma und Krise schreibe ich darüber, dass es zwei Möglichkeiten gibt zu lernen. Diese zwei Möglichkeiten sind Lernen durch Freude oder durch Schmerz. Das Universum dehnt sich aus und wir sind Teil davon. Es dehnt sich durch unsere Evolution, durch die Evolution unserer Seele aus. Die Ausdehnung geschieht so oder so, egal ob wir es wollen oder nicht. Wir können unserer Zeit voraus sein und wie beim Surfen die Wellen schon vorab beobachten und erkennen, damit wir den perfekten Zeitpunkt erfassen und nutzen. Oder wir verharren in Trägheit und Angst, machen die Augen zu und warten ab, bis uns die Welle irgendwann erwischt.

Persönlichkeitsentwicklung und Potenzialentfaltung kann eine Reise zu dir selbst sein, die sich anfühlt wie ein Spaziergang im Frühling mit einer Freundin, die du schon jahrelang nicht gesehen hast.

Die Wiedersehensfreude und der Gesang der Vögel erfrischen deine Seele und dein Herz. Persönliches Wachstum ist wunderschön und Transformation kann total genussvoll sein! Unser altes Paradigma hat uns Glauben lassen, dass wir nur durch Schmerz und Schwere wachsen können. Dieses alte Paradigma hat ausgedient. Es dient uns nicht mehr. Was wäre, wenn du dir ab jetzt erlaubst, durch Freude und Spaß zu lernen? Wer darfst du sein, um über dich selbst hinauszuwachsen und neues Territorium zu erobern? Einfach so. Nicht weil alles im Außen bereits aufzeigt, dass des 5 vor 12 ist und sich die Umstände so verdichtet haben, dass du zur Veränderung gezwungen wirst? Ist das unbequem? Vielleicht. Vielleicht möchtest du aber auch mit der Unbequemlichkeit Allianz schließen und dich daran gewöhnen, dass die Unbequemlichkeit dein neues zu Hause ist. Denn die Komfortzone ist doch viel zu langweilig, oder?

Erlaube dir, Dinge zu tun und zu wagen, die noch niemand gewagt hat. Erlaube dir, frei zu denken. Freies Denken ist eine der größten Herausforderungen, denen wir uns stellen können. Freies Denken bedeutet, deine eigenen Gedanken zu denken. Jene, die ungefärbt sind von kollektiven Paradigmen, Dogmen und letztendlich deiner Vergangenheit. Freies Denken bedeutet, deine eigene Seelenfrequenz in diesen Gedanken zu spiegeln und aus der Seelenenergie heraus zu denken. Unbegrenzt und frei. Deine alte Identität hinter dir zu lassen.
Die wichtigste Frage, die du dir je stellen wirst, ist: Wer willst du sein?

Wenn du an der Kreuzung stehst zwischen der alten Identität, der Komfortzone, der scheinbaren Sicherheit und der neuen Identität, dem Abenteuer, dem Leben und der Freiheit, dann stelle dir immer das Ende deiner Tage vor. Angenommen, du liegst mit 90 in deinem Sterbebett und blickst auf dein Leben zurück? Auf welches Leben willst du zurückblicken? Auf eines, in dem du etwas gewagt hast, du vielleicht manchmal versagt hast, um es erneut zu probieren. Oder auf ein Leben, in dem du dich zurückgehalten hast aus Angst vor Versagen? Ein liebendes Herz ist ein freies Herz. Freiheit entsteht dadurch, dass wir uns selbst die Erlaubnis geben, das Wagnis des Lebens einzugehen. Uns selbst treu zu bleiben, uns immer wieder neu zu definieren und all die Kompromisse loszulassen, die doch nur dazu geführt hätten, dass wir immer müder werden und langsam einschlafen. Also: Lass dich ein auf das Abenteuer Leben und das unendliche Potenzial, das dir innewohnt. Denn du bist ein Geschenk für diese Welt!

Du bist ein Geschenk

In diesem Kapitel geht es darum, wie du dein Geschenk in die Welt bringen kannst.

Erinnere dich an dein Licht, an deine unendliche innere Kraft und die Schönheit deiner Seele. Das ist der größte Dienst und auch dein Auftrag hier. Du hast eine ureigene Seelenfrequenz, die es nur ein einziges Mal gibt. Und dein Geschenk ist in deiner Seelenfrequenz enthalten. Um herauszufinden, was dieses Geschenk ist, geht es darum, nach innen zu lauschen. Denn die Stimme der Seele ist immer leise und liebevoll. Wenn du dich nach innen wendest, wirst du erkennen, wer du wirklich bist. Wenn du dein Geschenk gefunden hast, dann verpflichte dich dazu, es auszudehnen und weiterzugeben. Wenn du die Dinge tust, die deine Seele wirklich berühren, wirst du deine volle Strahlkraft entfalten und Licht in die Welt bringen. Deine Seelenaufgabe ist der Bereich, in dem du zu leuchten beginnst. Der Bereich in deinem Leben, der dich wirklich strahlen lässt und dich brennend interessiert. Deine tiefste Leidenschaft. Deine Aufgabe ist es, diese leuchtende Seele, dieses strahlende Funkeln auszudrücken und damit Licht in die Welt zu bringen. Deinen göttlichen Kern in die Welt zu bringen und die Welt dadurch heller zu machen. Du erstrahlst in deinem Licht, indem du dich entscheidest, die Dinge zu tun, die dich wirklich berühren und deine Seele leuchten lassen. Erlaube dir deinen wahren göttlichen Kern zu zeigen, denn dadurch machst du die Welt heller.

Spirituell sein bedeutet vor allem authentisch zu sein. Spiritualität der neuen Zeit ist undogmatisch. Echte Spiritualität ist konfessionsfrei und nicht an eine bestimmte Religion gebunden. Sie ist universell. Ernsthaftigkeit und Strenge sind in meinen Augen überholt und begrenzen uns. Du bist Schöpfer deiner Wirklichkeit und frei, dich selbst zu definieren. Ich wünsche mir für dich, dass du deine ureigene Wahrheit findest und dir selbst vertraust. Dass du von innen nach außen lebst und deine eigene Wahrheit erkennst, dich zu ihr bekennst und deine eigenen Spielregeln und Werte lebst.

Ich bin auf dem spirituellen Weg sehr vielen Lehrern begegnet und habe viel Zeit in spirituellen Zentren verbracht. Manchmal hatte ich den Eindruck, dass es zu dogmatisch zuging. Ich bin ein sehr freiheitsliebender Mensch. Rebellion ist die Energie meiner Generation. Wahrscheinlich bist du auch ein wenig rebellisch oder sogar sehr? Rebellisch zu sein ist gut, denn nur so kann Neues entstehen. Rebellisch zu sein bedeutet, die Dinge zu hinterfragen und nicht alles für bare Münze zu nehmen. Nicht alles, was leuchtet, ist Licht. Ich lade dich ein, alles zu hinterfragen, alles anzuzweifeln und deine eigene Wahrheit zu finden. Deine eigene Wahrheit fühlt sich immer frei, leicht und sehr selbstverständlich an. Eine gute Frage ist: Ist das wahr? Aus der Seelenfrequenz zu manifestieren heißt, dir selbst nahe zu sein, deine eigenen Werte und Grenzen zu kennen, sie zu respektieren und zu kommunizieren. Für dich einzustehen. In deiner eigenen Energie zu leben und daraus dein Leben zu gestalten und von innen nach außen zu leben.

Deine Seele ist verbunden mit dem Atem des Universums. Lass dich atmen. Ich schreibe dieses Buch gerade auf einer Finca in Mallorca und war eben im Meer schwimmen. Beim Schwimmen habe ich mich so richtig dem Wasser hingegeben und anvertraut. Erinnere dich: Wann bist du zuletzt im Meer geschwommen und wie hat sich das angefühlt?

Es gibt ein universelles Gesetz des Rhythmus. Alles im Universum ist Rhythmen und Zyklen unterworfen. Nenne es die Gezeiten, nenne es die Mondphasen, nenne es den weiblichen Zyklus. Alles im Universum unterliegt diesen Zyklen und Zeitfenstern und natürlichen Wellen. Stress und Blockaden entstehen, wenn wir uns gegen diese natürlichen Wellen wenden, denn damit wenden wir uns gegen uns selbst.

Seele oder Ego

Beim Manifestieren aus der Seelenfrequenz geht es um ein tiefes, tiefes Loslassen und die Hingabe an das, was ist. An die unendliche Weisheit, die unendliche Liebe und Intelligenz des Universums. Manchmal versuchen Menschen, aus dem Ego zu manifestieren. Sie versuchen, zu kontrollieren und mit der Willenskraft das Universum zu lenken. Das ist sehr anstrengend und bringt meist nur kurzfristigen Erfolg, der sich irgendwie leer anfühlt.

Das Ego ist der mit Angst besetzte Teil unsers Geistes und wir dürfen diesen Teil transzendieren. Das Ego vergleicht, es fühlt sich benachteiligt oder bevorzugt, es ist im Mangel oder Stolz verhaftet, es ist nicht authentisch, weil es einfach nicht deine höchste Wahrheit ist. Wir sind nicht dieses Ego, aber wir fallen ab und zu in die scheinbar verlockenden Fallen des Egos. Das Ego kämpft scheinbar gegen alle anderen, doch letztendlich nur gegen sich selbst. Es erlebt sich als getrennt von Gott und als getrennt von allen anderen. Das ist Kampf. Wenn du aus dem Ego manifestierst, befindest du dich in der Illusion. Es ist ein Schleier der Illusion, der deine Augen vernebelt. Hinter dem Schleier ist das Licht und alles, was du wirklich willst.

Wenn Menschen aus dem Ego manifestieren, manipulieren sie und benutzen die universellen Gesetze, um nur für sich selbst einen Vorteil zu schaffen. Es gelingt ihnen manchmal, den Schein zu wahren und erfolgreich und mächtig zu wirken, doch tief drinnen sind sie nicht erfüllt und glücklich. Damit schaden sie nicht nur anderen Menschen, sondern auch sich selbst. Es ist eine Falle der Verführung. Das Universum und das Gesetz von Ursache und Wirkung kümmern sich um den Ausgleich. Es gibt eine natürliche Auslese durch dieses Gesetz. Wenn du versuchst zu manipulieren oder gegen den Willen einer anderen Person etwas zu manifestieren, wird dir das Gleiche geschehen. Alles, was wir tun, kommt als Echo zu uns zurück. Wir dürfen dieses Wissen über die uralten universellen Lebensgesetze nutzen, um alles zu manifestieren, die einzige Regel, die es dabei zu beachten gilt, die Grenzen des freien Willens zu respektieren und die Grenzen anderer Menschen zu achten. Seelengeführtes Manifestieren bedeutet, dass du immer das höchste Wohl von allen Beteiligten im Auge behältst und das Beste für alle manifestieren willst. Diese seelengeführten Ziele liebt das Universum und unterstützt es.

Wenn du aus dem Ego manifestierst, kommst du aus einer Haltung des Mangels und der Angst. Mangel versucht immer zu kompensieren. Du kommst nicht aus der Fülle und der Liebe. Manchmal versuchen Menschen, Beziehungen zu manifestieren, um das Gefühl mangelnder Selbstliebe zu kompensieren. Ein anderer Mensch soll sie vollständig und glücklich machen. Dem ist nie der Fall. Unser Glück ist völlig losgelöst von äußeren Umständen. Ob du wirklich geliebt hast, zeigt sich oft erst nach dem Ende der Beziehung. Selbst wenn wir einen Menschen nie wieder sehen, die Beziehung lebt weiter in unserem Herzen, in unseren Gedanken und in unserer Erinnerung. Wenn du wahrlich liebst, dann liebst du bedingungslos.

Bei der Frage Seele oder Ego geht es nicht um Schuld. Wir alle haben ein Ego und unsere Schattenthemen. Meiner Ansicht nach ist der Wunsch, völlig frei von Egowünschen zu sein, eine naive Vorstellung, die nie eintreten wird. Unser Job ist es jedoch, bewusst zu sein, aus welcher Haltung und welcher Energie wir gerade agieren und manifestieren und die beiden Ebenen Seele und Ego nicht miteinander zu verwechseln.

Wenn du aus dem Ego manifestierst, dann versuchst du oft, mangelnden Selbstwert zu kompensieren. Hinter einem mangelnden Selbstwert liegt immer die Scham. Frage dich immer zuerst: Aus welcher

Haltung komme ich gerade? Die Haltung bestimmt die Grundenergie deiner Manifestation und ihrer Wirkung. Das Ego basiert auf Schuld und Scham. Es sind Gefühle, die eine sehr niedrige Frequenz haben. Das Ego fühlt sich getrennt vom Universum und versucht die Trennung zu lösen, indem es sich noch mehr trennt. Es ist paradox, denn die Lösung liegt nicht in der Separation. Die Lösung liegt in der Vergebung und der Einheit. Wenn du dich schuldig fühlst, dann beginne dir selbst zu vergeben und erinnere dich daran, wer du wirklich bist. Erinnere dich daran, dass dir bereits vergeben worden ist. Du bist ein reiner Gedanke im Geist Gottes. Du bist unschuldig. Du bist reines Bewusstsein.

Je tiefer du zu deiner wahren Natur vordringst, desto mehr wirst du erkennen, dass du unendliches Licht und Liebe bist. In dir ist tiefes Potenzial verborgen und ein Funkeln und Strahlen, das so hell ist wie ein leuchtender Stern. Wenn wir tief genug in unsere Seelenfrequenz eintauchen, dann finden wir keine Dunkelheit, sondern nur unendliches, strahlendes Licht. Das Universum ist eine Symphonie an Licht. Eine Symphonie an Möglichkeiten. Und zu einer Symphonie gehören alle Töne. Jeder einzelne Ton, jedes Instrument ist wichtig, damit die Symphonie vollständig ist.

Doch was ist der Unterschied zwischen Ego-Zielen und Seelenzielen?

Es gibt einen feinen, aber umso wichtigeren Unterschied zwischen ego-basiertem Manifestieren und seelengeführtem Manifestieren.

Woran kannst du erkennen, ob dein Ziel wirklich von der Seele, von deinem höheren Selbst inspiriert ist? Und wieso ist es wichtig, dass deine Visionen und Ziele von der Seele inspiriert sind?

Seelenvisionen sind die Visionen, die dir nachhaltig Sinn und Glück im Leben manifestieren. Wir alle kennen diese andere Art der Ziele. Sie entspringen dem Ego. Ich nenne sie hier ego-basierte Ziele.

Ego-basiertes Manifestieren bringt manchmal kurzfristigen Erfolg, der selten anhält und deine Seele nicht nährt. Viele Menschen brennen dabei aus und sind getrieben von Erfolgswahn, sich mit anderen zu vergleichen und der Sucht nach mehr. Die Ursache dieser Haltung ist Scham und Angst. Diese Menschen sind abgeschnitten von ihrer Wahrheit und Essenz.

Das polare Gegenteil dazu ist seelengeführtes Manifestieren.

Es entspringt einem anderen Bewusstsein und einer anderen Haltung. Du lebst in Verbindung mit deiner Seele, deiner Essenz und agierst aus deiner innersten Wahrheit heraus.

Seelengeführtes Manifestieren bedeutet, aus deiner Essenz heraus zu leben. Tief mit dir und deiner innersten Wahrheit verbunden zu sein.

Du bist in Integrität mit deinen Werten und Seelenvisionen. Du lebst in Einklang mit deiner Seele. Dein Denken, Fühlen und Handeln sind kongruent. Du lebst deine innerste Wahrheit. Alle Antworten und alle Schlüssel sind bereits in dir. In deiner Seele. In deiner Essenz. Das ist Manifestieren aus der Seelenfrequenz.

Wenn du seelengeführt manifestierst, wird deine Energie angehoben. Das ganze Universum unterstützt dich und du fühlst, dass deine Ziele nicht nur für dich selbst gedacht sind, sondern für einen größeren Zweck. Du hilfst auch anderen damit, du gewinnst und alle anderen gewinnen auch dabei. Diese Ziele sind zum höchsten Wohle von allen Lebewesen.

Wenn du dich mit der Energie des Ziels verbindest, spürst du, dass die Energie angehoben wird, oft empfinden wir es als Kribbeln oder als Strom, der durch den Körper zirkuliert. Dein Ziel macht dich frei und es erfüllt dich mit einem tiefen Gefühl von Sinn. Es stimmt dich positiv. All das sind Zeichen, dass deine Seele mit im Spiel ist. Deine

Seele ist verbunden mit dem Kosmos und sie kennt deinen Seelenplan. Jeder Gedanken und jede Tat kreiert eine Welle an Ursache und Wirkung, auch Karma genannt. Wenn du aus dem Ego manifestierst, kreierst du dir schlechtes Karma, denn alles, was wir aussenden, kommt zu uns zurück. Beginne dir gutes Karma zu kreieren, indem du das höchste Wohl aller Lebewesen im Auge behältst, und das ganze Universum unterstützt dich bei der Verwirklichung und Manifestation deiner Seelenvisionen.

Stelle deine Gaben und Talente in den Dienst einer größeren Ordnung.

Um herauszufinden, ob deine Ziele wirklich von der Seele genährt sind, sind zwei Fragen wichtig:

1. Was möchtest du erschaffen?

2. Was ist deine Intention dabei? Was ist dein „Warum"?

In dem Moment, indem du ein starkes Warum hast, wird das Universum dir einen Weg zeigen, wie es möglich ist.

Seelenplan

Um deine seelischen Ziele zu definieren und zu erreichen, ist es notwendig, deinen Seelenplan zu kennen und dich damit zu verbinden. In diesem Kapitel bekommst du viele praktische Tipps, wie du dich mit deiner Seelenfrequenz verbinden kannst und dich daran erinnerst, wozu du hier bist. Dein Potenzial ist unbegrenzt. Genauso wie das Universum unbegrenzt ist.

Bestimmung

Jede Seele hat einen Seelen- und einen Schicksalsplan. Es sind Lektionen, die sie sich fix vorgenommen hat. Wir können und dürfen nicht alle Lektionen verändern, denn es gibt das Gesetz von Ursache und Wirkung und ein Schicksal. Wunder können jedoch das Gesetz von Ursache und Wirkung manchmal außer Kraft setzen. Wunder kommen von außerhalb der Zeit und sind göttliche Intervention. Sie sind ein Segen. Sie kommen oft unverhofft und wir dürfen darum bitten.

Dein ganzes Leben ist ein Wunder. Du wählst deine Eltern vor deiner Zeugung aus. Du wählst die ganze Realität aus, in der du lernen und dein Potenzial entfalten wirst. Dann kommst du hier an und vergisst, wer du bist und was du gewählt hast. Die Reise des Erwachens ist schlichtweg, dich daran zu erinnern, wer du wirklich bist! Doch wie kannst du dich erinnern? Verbinde dich mit deinem höheren Selbst, denn dein höheres Selbst hat nichts vergessen. Es ist immer da, als direkter Kanal zur Quelle. Es ist einfach auf der anderen Seite des Schleiers und klopft immer wieder an, um dich an deinen Seelenplan zu erinnern.

Die Seele ist deine Verbindung zu Gott, zur Quelle und zu deinem Ursprung. Sie hat sich bestimmte Aufgaben vorgenommen, als sie hier inkarniert ist. Sie sind ein uraltes Versprechen an dich selbst und andere. Diese Aufgabe wartet darauf, von dir entdeckt zu werden. Wenn du manchmal an der Sinnfrage zu zerbrechen drohst, erinnere dich daran: Du bist nicht ohne Grund hier, du bist ein Geschenk für diese Welt!

Um deine Seelenaufgabe zu erkennen, ist es so wichtig, dich mit deiner Seele zu verbinden. Diese Verbindung ist immer da, auch wenn sie manchmal so dünn und fragil erscheint wie ein entferntes Licht im Nebel. Du wirst geboren mit einer intakten und starken Anbindung an diese seelische Ebene. Manchmal verblasst jedoch dieser Kontakt zu dieser Ebene der Klarheit und Wahrheit in dir. Pflege ihn wie eine Beziehung zu einem Menschen. Ehre diesen Kontakt, er ist heilig.

Deine Seelenaufgabe betrifft nicht nur dich, sondern auch viele andere. Denn es gibt Menschen, die nur dich hören können und die genau jetzt auf dich warten. Sie warten darauf, dass du in deine Kraft gehst und deine Erfahrungen, deine Erkenntnisse und dein Wissen weitergibst. Es gibt einen höheren Plan. Nimm deinen Platz ein und lebe deine Wahrheit.

Jeder Mensch hat eine ureigene Schwingungsfrequenz, ein ureigenes Licht und dieses Schwingungsspektrum spiegelt sich in den Aufgaben wider, die er sich für dieses Leben vorgenommen hat. Gleichzeitig hast du den freien Willen und die Möglichkeit, dich zu verändern und zu entwickeln.

Je näher du an deiner Essenz, deiner Seele, deinem höheren Selbst lebst, desto näher bist du deiner Bestimmung. Desto schneller und leichter kannst du manifestieren, desto mehr unterstützt dich das Universum bei all deinen Vorhaben. Aktivere Deine Schöpferkraft und verbinde dich mit der allumfassenden göttlichen Liebe, der Lebensenergie, die durch alles fließt.

Verbinde dich mit deiner Seele und bitte darum, dass deine Bestimmung sich dir offenbart. Es wird sich zeigen, was deine Mission, dein „Warum“ und dein Auftrag ist. Diese Klarheit wird dich beflügeln und dir Kraft geben. Sie wird dich leiten. Entspanne dich und frage. Gib deiner Seele Raum in deinem Leben. Nimm dir Zeit und gehe immer wieder in Meditation und in die Stille. Vertraue, dass die Antwort zu dir kommt. Zum richtigen Zeitpunkt und in der richtigen Form.

In meinem Online-Kurs Soul Creation® Manifestieren aus der Seelenfrequenz habe ich einen Weg für dich entwickelt, der dir hilft, dich mit deinem Seelenplan zu verbinden und dich daran zu erinnern, wieso du hierhergekommen bist. Es ist eine universelle Formel, mit der du Fülle und Sinn im Leben manifestieren kannst. Dieser Kurs ist eine perfekte Ergänzung zum Buch.

Mit dem Gutscheincode **soul** bekommst du einen Vorzugspreis über diese Seite:

www.lisawallner.com/soulcreation

In den Tausenden von Stunden, in denen ich als Coach gearbeitet habe, ist mir ein Thema besonders aufgefallen. Einer der tiefsten Schmerzpunkte des Menschen ist die Frage nach dem Sinn. Viele

Menschen fühlen eine latente Sinnlosigkeit und sind getrieben von der Frage, wozu sie hier sind.

Andererseits ist das Gefühl von Sinn, eine tragende Säule der Resilienz. Sinn zu empfinden, erlaubt uns weiterzugehen, auch wenn es gerade zäh ist im Leben. Es erlaubt uns, wieder aufzustehen und daran zu glauben, dass wir alles schaffen können. Sinn ist letztendlich die Bedeutung, die wir den Erfahrungen geben. Wir erkennen den Sinn, wenn wir uns dafür öffnen. Eine traumatische Erfahrung des Verlustes kann sich zum Beispiel in ein tiefgehendes Gefühl von Sinn transformieren, wenn wir durch diesen Verlust in der Lage sind, andere Menschen emphatischer zu begleiten oder nachempfinden zu können, wie es ihnen geht. Oftmals ist ein Tiefpunkt im Leben der Wendepunkt zu einer neuen Ebene im Leben, wo wir eine andere Dimension des Sinns wahrnehmen und erleben können.

Ich wünsche mir, dass dieses Buch und der Soul Creation® Online-Kurs viele Menschen inspiriert, die gerade auf der Suche nach dem Sinn sind. Nicht nur im persönlichen Leben, sondern auch in den kollektiven Geschehnissen der Welt.

Sinn ist die Schwester von Frieden. Das Gefühl von Sinn im Leben geht einher mit tiefem Frieden und einer Gewissheit, die unerschütterlich ist. Und ganz ehrlich, genau diese Energie und Qualität braucht doch die Welt derzeit am meisten, oder?

Das Beste aus diesem Leben zu machen ist nicht nur ein Privileg, es ist eine Pflicht. Um ein Leben voller Sinn und Frieden zu manifestieren, ist es wichtig, dass du dir folgende Frage stellst: Welcher Mensch möchtest du einmal gewesen sein?

Jedes Mal, wenn du in einer schwierigen Situation bist, erinnere dich an dieses Bild: Welche Spur willst du hier hinterlassen?

Jeder Gedanke, jedes Wort und jede Tat hinterlassen eine Spur im Universum! Wenn du in einer Konfliktsituation bist, frage dich nie, was der andere macht, sondern wo dein Teil ist und wie du dich so fair und integer verhalten kannst, wie möglich. Am Ende deiner Tage sollst du darauf zurückblicken und dir in den Spiegel sehen und dir selbst treu geblieben sein.

Du bist ein magisches Wesen, ein unfassbar potentes Lichtwesen. Du bist einzigartig. Um einen Unterschied zu machen, musst du dein Anders-sein, deine Einzigartigkeit umarmen. Sei du selbst. Gib dir die Erlaubnis, du selbst zu sein. Alle Probleme entstehen dadurch, dass du nicht authentisch bist, was du bist. Du bist eine Symphonie an Licht. Eine Symphonie an Möglichkeiten. Erlaube dir, sie auszudehnen. Wir spielen miteinander eine wunderschöne Symphonie, die Universum genannt wird. Jeder Ton im Orchester ist wichtig und einzigartig. Erlaube dir der Raum der unendlichen Möglichkeiten zu sein. Erlaubnis ist der Raum, in dem nicht bewertet wird. Alles ist erlaubt. Erlaubnis exkludiert nichts, sie ist all-inklusive. Du bist reines Bewusstsein und verbunden mit allem, was es gibt. In diesem Bewusstsein existiert alles und ist frei von Bewertung.

Die Erde braucht dich und dein Geschenk. Deine Energie ist ein einzigartiger Beitrag für diese Welt. Es gibt etwas, das nur du tun kannst. Erkenne dich selbst an für deine Einzigartigkeit. Du kannst es nur finden, wenn du daran glaubst, dass es dieses Geschenk gibt. Dieses Geschenk ist tief in deiner Seelenfrequenz verborgen. Begib dich auf die Suche danach.

Freier Wille

Wir haben nicht die Wahl, ob wir lernen, doch wir haben die Wahl, wie wir lernen. Die 1. Möglichkeit entspringt dem alten Paradigma: Lernen durch Krise und Schmerz. Die 2. Möglichkeit ist wesentlich genussvoller: Lernen durch Freude und Proaktivität!

Das Universum dehnt sich aus und du kannst entweder mit diesem natürlichen Fluss fließen und durch Freude lernen oder du kannst warten, bis das Universum dich in die nächste Ebene pusht.

Wir haben den freien Willen und wir dürfen unsere Aufgaben entfalten, unsere Potenziale aktualisieren in der Energie und Haltung, die wir wählen. Wir können über Schmerz oder über Freude lernen. Beides steht uns frei. Wie gesagt, das Universum dehnt sich aus. Es ist ein Parameter des Universums, sich ständig auszudehnen und wir sind Teil dieses Universums. Wir sind ein Teil dieser Vollständigkeit und wir haben diese Vollständigkeit in uns. Du hast immer die Wahl zwischen Liebe und Angst. Wenn du dich für die Angst entscheidest, wirst du dich gegen den natürlichen Fluss des Universums stellen. Du wirst sozusagen gegen den Strom schwimmen.

Wenn du dich für die Liebe entscheidest, dann wirst du mit dem universellen Strom schwimmen. Du wirst von Liebe und Segen getragen sein. Du wirst geführt sein. Du wirst verbunden sein mit dem Universum und in einer Energie der Empfänglichkeit ruhen.

Du hörst auf, dich mit deiner Persona zu identifizieren, als getrenntes Individuum, sondern erlebst dich als EINS mit allem. Eine größere Ordnung wirkt durch dich. Du bist im reinen Bewusstsein. Du spürst, dass Licht durch dich fließt und dieses Licht alle Menschen berührt, mit denen du in Kontakt trittst. Wenn du in diesem Bewusstsein lebst, dann kannst du nie ausbrennen.

Wahres Selbst

Was bin ich? Diese Frage haben alle großen Meister gestellt. Wenn wir tief genug in unsere wahre Natur vordringen, finden wir keine Dunkelheit, wir finden unendliches Licht. Du bist kein Körper, keine Maske, keine Definition. Dein wahres Selbst ist jenseits davon.

Es ist unendliches Licht. Energie. Raum.

Der Raum, in dem die Wunder zu Hause sind.

Der Raum, den du als Kind gekannt hast, wo alles möglich war.

Du kannst diesen Raum wieder betreten. Er ist immer noch da.

Dein wahres Selbst ist die Unendlichkeit in dir. Es ist frei von Vorstellungen, Konzepten oder Erwartungen. Es ist dein perfekter, strahlender, unendlicher Kern. Es ist, was du wirklich bist. Ein Raum an unendlichen Möglichkeiten. Ohne Begrenzungen. Du bist ein grenzenlos magisches Wesen.

Dennoch ist es so, dass wir diese Erinnerung an die Wahrheit, an die Freiheit und Wahlmöglichkeiten manchmal vergessen. Manchmal erscheint sie uns so fern und alles, was wir wahrnehmen, sind Limitierungen. Wir sind getroffen von Schicksalsschlägen, Verlusten und gleichzeitig so vielen Ansprüchen, die wir selbst und andere an uns stellen.

Meine Empfehlung hier ist, Mitgefühl mit dir selbst und allen anderen zu üben. Wir versuchen alle unser Bestes und manchmal ist ein kleiner Schritt so groß. Wir haben die Möglichkeit, unser Bewusstsein zu erhöhen und die Prägungen zu verändern. Doch dabei ist Geduld und Selbstfürsorge ein wesentlicher Faktor.

In meiner Grafik zu spirituellem Wachstum, siehst du die drei Hauptebenen und die Entwicklungsmöglichkeiten.

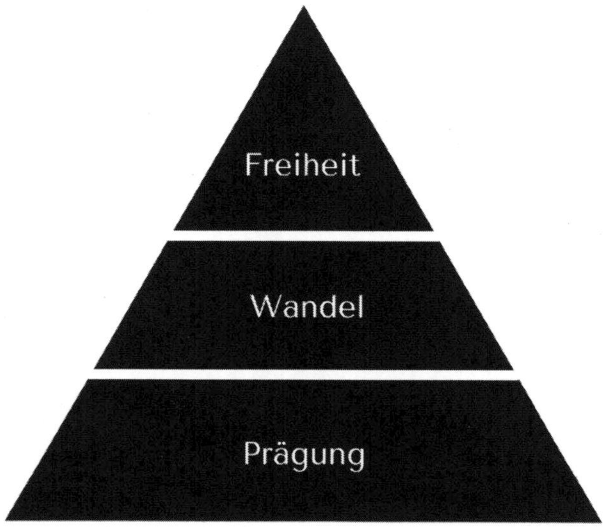

Die untere Ebene ist unsere **Prägung**. Wir werden alle mit Prägungen ausgestattet – unseren Paradigmen. Manche davon sind so alt, wie die Zeit selbst. Denn wenn du an Wiedergeburt glaubst, so wie ich persönlich das tue, wird dir bekannt sein, dass wir unsere Lernaufgaben von einem ins nächste Leben mitnehmen. Genauso wie wir den freien Willen haben, gibt es Karma und Schicksal. Ursache und Wirkung – in anderen Worten.

Deshalb achte immer auf deine Gedanken, Worte und Taten. Denn alles kommt zurück.

Wir kommen mit unseren Lernthemen, Seelenplan und Seelenverträgen auf die Erde und sind eingebettet in ein System an Konditionierung und sozialen Paradigmen. Betrachte die Paradigmen deiner primären Bezugspersonen der ersten sieben Lebensjahre (in den meisten Fällen sind es deine Eltern) und sieh dir die Überlappung an.

Das sind deine Paradigmen. Du erlernst diese Paradigmen, indem du das Verhalten deiner Eltern imitierst und ihr Weltbild annimmst. Wir alle sind mit diesen Prägungen konfrontiert und dürfen sie entweder aushalten lernen oder verändern. Es gibt ein perfektes Timing, denn manchmal geht es einfach nur darum, dass wir lernen zu warten.

In der nächsten Phase kommst du in den Bereich des **Wandels**. Wandel entsteht durch die Konfrontation mit einem neuen Paradigma, das kombiniert ist mit dem Hinterfragen deiner alten Paradigmen, Werte und Glaubenssysteme. Du deutest deine Welt neu, gibst Erfahrungen einen neuen Rahmen. Es gibt zwei Wege, deine Paradigmen zu verändern: durch ein Ereignis mit starken emotionalen Auswirkungen oder Wiederholung. Konstante Wiederholung des neuen Paradigmas, der neuen Verhaltensweisen und Denkmuster wird die alten Paradigmen verändern und überschreiben.

Die Ebene des Wandels ist auch die Ebene der Entwicklung. Es ist der Bereich, in dem die Transformation zu Hause ist. Der Bereich der Wahlmöglichkeiten. Wir können unser Mindset verändern und neue Verhaltensroutinen erlernen. Wir haben die Wahl, uns zu entwickeln, indem wir uns unsere Prägungen bewusst machen. Viele Menschen flüchten ihr Leben lang und versuchen eine naive Sehnsucht zu stillen. Sie hoffen, dass durch die Veränderung der äußeren Bedingungen oder Umstände eine wahrhaftige Transformation stattfinden könnte. Dem ist nicht so. Wir nehmen unsere Prägungen mit. Sie sind Teil von uns, bis wir uns entscheiden, etwas anderes zu sein. Integration ist unabdingbar auf diesem Entwicklungsweg.

Wandel ist die einzige Konstante, die es gibt, denn wir sind ständig in Veränderung. Alles verändert sich ununterbrochen und Unbeständigkeit ist ein Gesetz des Universums. Sogar während du diese Zeilen liest, hast du dich bereits wieder verändert. Die Wahl, die wir haben, ist wie und wohin wir uns verändern. Selbst wenn du bis an den Rest deines Lebens alles genau so machen würdest wie jetzt, würdest du dich verändern. Doch vielleicht in eine Richtung, die dir letztendlich nicht Glück und Sinn erschafft, sondern Leere und Langeweile.

Die obere Ebene repräsentiert die **Freiheit**. Wir haben die Freiheit und die Wahl, unsere Prägungen zu verändern. Jedes Defizit im Leben birgt auch ein Geschenk, das du entdecken darfst. Alles hat eine Kehrseite, denn Polarität ist ein Gesetz des Universums. Im Bereich der Freiheit sind auch unsere Visionen, Potenziale und unsere Ausrichtung zu Hause. Es ist das Reich der Manifestation. Wir schöpfen, wir erschaffen. Wir erfinden uns neu trotz der Determinanten und Prägungen. Sie verwandeln sich in kraftvolle Ressourcen in einem alchimistischen Prozess. Jedes Unglück beinhaltet das Potenzial, in eine Chance verwandelt zu werden. Die Chance ist immanent darin enthalten. Sie ist einfach das polare Gegenteil im Spektrum des Lebens.

Es ist ein Spektrum. Es gäbe keine Entwicklung ohne Prägungen. Es gäbe kein Ziel, ohne den Wunsch aufzubrechen und eine Situation hinter sich zu lassen. Es gäbe keine Sehnsucht ohne Vision.
Alle Ebenen sind gleich wesentlich und bedingen einander.

Versuche dich in einer Innenschau, welche dieser Ebenen dir am vertrautesten erscheint. Vielleicht bist du ein Mensch, dem es schwerfällt, Grenzen zu akzeptieren, und du bist der Luft, der Freiheit verbunden. Dann fällt es dir vermutlich leicht, Ideen zu sammeln, Visionen zu sehen, Potenziale zu erkennen und andere zu ermutigen. Vielleicht bist du ungeduldig oder sogar gereizt, wenn du an Grenzen stößt.

Oder du bist im anderen Pol zu Hause und es fällt dir leicht, Bedingungen auszuhalten und zu warten. Du hütest Traditionen und alte Systeme und bist besonders vorsichtig, wenn es darum geht, Veränderungen herbeizuführen.

Wie in den vorangegangenen Kapiteln beschrieben, ist jeder Mensch ein einzigartiger Ausdruck der Quelle, und miteinander ergeben wir diese universelle Symphonie, in der alle Teile enthalten sind.

Mache dir bewusst, wo deine Stärken und Schwächen liegen. Akzeptiere deine Prägungen, den Schicksalsplan, die Vergangenheit, die Familie und Gesellschaft, in die du hineingeboren wurdest und verändere, was du verändern möchtest. Du hast die Wahl, und zwar immer. Du hast die Wahl, wie du auf die Gegebenheiten reagierst, wie du dich beziehst oder positionierst. Was du daraus machst.
Blicke optimistisch in Richtung Zukunft und Ziele. Die Freiheit ist da, als polares Gegenteil zur Prägung. Wir sind frei, uns neue Paradigmen zu kreieren und kollektiv neue Bedingungen zu schaffen, die mehr Wachstum ermöglichen. Du bist frei, dein wahres Selbst zu erkennen und aus dieser Energie heraus zu agieren und zu manifestieren. Du bist frei, das volle Potenzial deiner Seelenaufgabe zu leben und damit nicht nur dich selbst, sondern auch andere Menschen zu berühren.

Lebe deine Einzigartigkeit und finde deine ureigene Medizin.

Originale Medizin

Deine Seelenaufgabe ist etwas, das nicht nur dich selbst, sondern auch andere heilt. Es ist ein uralter Ruf deiner Seele. Deine Seelenaufgabe ist deine Essenz, dein ureigenes Licht. Es beschützt dich und führt dich.

Laura Malina Seiler schreibt in ihrem Buch „Mögest du glücklich sein“ über die Originale Medizin. Demzufolge nannten die Indianer die Seelenaufgabe die Originale Medizin. Sie ist das Geschenk, das wir für diese Welt mitbekommen haben: unser einzigartiges Geschenk für die Welt. Damit können wir einen Beitrag leisten und anderen Menschen dienen. Es ist eng verbunden mit unserer einzigartigen Seelenschwingung, unserem Soulprint, unseren Talenten und unserer persönlichen Geschichte. Wir spüren meist als Kinder, was diese Bestimmung, diese Medizin ist. Die Indianer meinen, dass diese Originale Medizin nicht nur uns selbst heilt, sondern auch alle anderen. Wir sind nicht in Balance und erfüllt, solange wir diese Medizin noch nicht gefunden haben. Deshalb ist es zunächst Teil unserer Aufgabe, uns dieser Medizin gewahr zu werden. Wenn du auf der Suche nach deiner Seelenaufgabe bist, dann betrachte dein ganzes Leben als schamanische Reise. Stelle die wunderschöne, große Frage ans Universum, wozu du hier bist. Rufe sie ins Leben hinein und dann gehe mit offenen Augen und Ohren durch die Welt und warte auf die Antworten!

Die Originale Medizin ist unsere Seelenaufgabe, durch die wir einen Unterschied hier auf der Erde machen können. Es kann ein tiefes Wissen sein, das du mitbekommen hast, ein Talent oder ein bestimmtes Charaktermerkmal, das dich von anderen unterscheidet. Du kannst bestimmten Menschen damit dienen und ihnen helfen. Deshalb wirst du gebraucht! Es ist zweitrangig, wie viele Menschen das sind. Vielleicht ist es ein einziger Mensch, der genau dich und deine Originale Medizin braucht, vielleicht sind es Tausende. All das ist in unserem Seelenplan geschrieben. Vergleiche dich nicht mit anderen, denn jedes Geschenk ist einzigartig und gleich wichtig wie das andere. Wenn wir uns diesem Geschenk, diesem Talent verpflichten und wirklich hingeben, verbinden wir uns mit einem uralten, universellen Auftrag, der Mission unserer Seele.

Die 5 Ebenen der Seelenaufgabe

Beim Entdecken und Präzisieren deiner Seelenaufgabe gibt es 5 Ebenen, die miteinander auf magische Art und Weise verbunden sind. Die 5 Ebenen der Seelenaufgabe sind ein Kompass, ein Weg der Offenbarung zu deiner Seelenaufgabe. Diese 5 Ebenen helfen dir, dich an deinen ureigenen Auftrag zu erinnern und dein Geschenk für diese Welt zu entdecken. Selbst wenn du dein Geschenk bereits kennst, dienen diese 5 Ebenen immer wieder genauer hinzusehen und deine Aufgabe zu präzisieren.

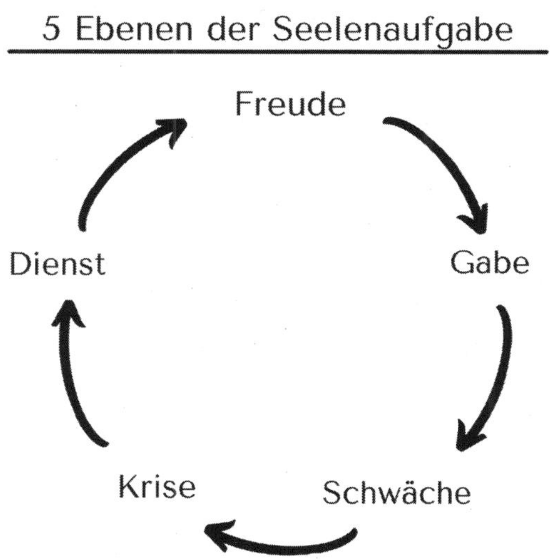

1. Freude:

Was waren Dinge, die du bereits als Kind stundenlang gemacht hast und was kannst du jetzt stundenlang tun, ohne müde zu werden? Was ist es, das dich zutiefst erfüllt und dir wirklich Freude bereitet und wo ist deine Leidenschaft?

Unsere Seelenaufgabe ist verknüpft mit unserer größten Leidenschaft, Begeisterung und Freude. Was begeistert und erfüllt dich wirklich zutiefst? Was lässt deine Augen leuchten und worauf hast du schlicht und ergreifend Lust?

Als kleine Kinder sind wir mit dieser Freude und Begeisterung verbunden. Wir sind neugierig und wir halten alles für möglich. Wovon hast du als Kind geträumt und welche Träume klopfen immer wieder an als Sehnsucht, als Ruf, als Brennen in dir? All das sind Hinweise auf deine Seelenaufgabe. Wenn du deine Seelenaufgabe erkennen willst, dann erinnere dich, was dir als Kind wirklich Freude bereitet hat und lass diese Erinnerungen eine Spur sein. Unser Potenzial ist in uns verborgen wie ein Samen eines Baumes, in dem bereits alles angelegt ist. Es geht lediglich darum, es frei zu legen. Wir dürfen ihm Raum geben, sich zu entfalten.

Ich erzähle dir jetzt, wie ich selber als Kind meine Seelenaufgabe bereits gespürt habe: Ich bin in einem Elternhaus groß geworden, in dem Meditationslehrer und Menschen ein- und ausgingen, die sich für Gesundheit und Bewusstsein einsetzten. Meine Eltern waren Pioniere der Reformbewegung und immer ihrer Zeit voraus. Sie waren bestimmt von dem Wunsch, Menschen zu helfen, indem sie Bewusstsein für gesunde Ernährung und Spiritualität schufen. Ich erinnere mich daran, dass ich mit sechs Jahren auf einem Satsang (ein Zusammentreffen mit einem spirituellen Lehrer) eines indischen Meisters saß und mich diese Stimmung damals schon faszinierte. Ich spürte tief in mir drinnen, dass ich zu Hause bin und dass diese Themen mein ganzes Leben bestimmen würden. Ich wusste, dass Persönlichkeitsentwicklung und Spiritualität meine Bestimmung sind. Ich fühlte, dass ich mich mit der Psyche des Menschen, der Transformation und der Metaphysik beschäftigen würde, dass ich zu Menschen sprechen und auch Bücher schreiben würde. Ich habe immer stundenlang gelesen und geschrieben als Kind.

Meine zweite große Leidenschaft war seit jeher die Musik. Ich habe viele Jahre Klavier und Geige gelernt und einer meiner Jugendträume war es, Dirigentin zu werden. Nach der Schule stand ich an einer Weggabelung und musste wählen zwischen einem Musikstudium in Wien oder einer Ausbildung zur Lehrerin von „Ein Kurs in Wundern“ in den USA. Ich erinnere mich genau an mein erstes spirituelles Erwachen, bei dem ich mich bewusst für den Weg der Spiritualität entschieden hatte. Ich bin damals meiner Seelenaufgabe gefolgt, weil ich gar keine andere Wahl hatte. Es gab nicht wirklich einen Plan B für mich und ich habe es nie bereut und empfinde es bis heute als großes Geschenk, diesen Beruf ausüben zu dürfen. Dies ist auch der Grund, der mich bewogen hat, dieses Buch zu schreiben. Ich möchte anderen Menschen helfen und sie inspirieren, ihre eigene Seelenbestimmung zu finden und zu leben, weil ich selbst weiß, wie großartig es ist.

Doch die Musik ist bis heute ein wichtiger und inspirierender Teil meines Lebens geblieben. Das Spannende ist, dass ich oft das Gefühl habe, dieses Potenzial trotzdem zu leben, einfach in einer anderen Form. Jede Aufstellung ist für mich eine wunderschöne, einzigartige Symphonie, ein Tanz mit dem Göttlichen. Es ist ein magischer Moment der absoluten Hingabe und eine Einladung an das Wunder selbst. Manchmal denke ich an diesen Traum zu dirigieren, während ich Aufstellungen leite, weil es mich daran erinnert.

Ich hoffe, meine persönliche Geschichte inspiriert dich, denn als introvertierter Mensch fällt es mir manchmal recht schwer, persönliche Dinge preiszugeben. Wir dürfen alle unsere Talente und Potenziale leben und daraus unser einzigartiges Charisma und Erkennungsmerkmal kreieren. Manchmal sieht die äußere Form etwas anders aus als geplant, aber nichts geht je verloren, und das Universum besitzt eine unfassbare Intelligenz, die uns punktgenau führt und unseren Seelenplan offenbart. Nichts geht verloren und nichts ist umsonst.

Nicht immer geht es bei der Seelenaufgabe um beruflichen Erfolg. Unsere westliche Gesellschaft ist auf Erfolg, Geld und Maximierung konditioniert. Doch Sinn ist unabhängig von Zahlen und Vergleichen. Manche Menschen sind dazu bestimmt, eine große Karriere in einem bestimmten Bereich zu machen. Andere finden ihre Bestimmung und Erfüllung in einem anderen Sektor des Lebens. Vielleicht bist du Mutter von Kindern und gehst voll in dieser Aufgabe auf. Vielleicht hilfst du unentgeltlich sozial schwachen Menschen oder lebst eine künstlerische Begabung aus und machst dadurch die Welt schöner.

Wichtig ist, dass du glücklich bist und deinem Ruf folgst. Dass dein Leben Sinn macht und du die Menschen mit deinem Licht und deinen Talenten berührst. Berührungen sind Seelennahrung. Unabhängig davon, ob es geistige, seelische oder körperliche Berührungen sind. Sie sind so wichtig.

2. Gabe:

Was ist eine Sache, die du besonders gut kannst? Wofür bekommst du immer wieder Komplimente?

Unsere Seelenaufgabe ist eng verknüpft mit unserer Veranlagung und unseren Talenten und diese haben wir meist schon vor dieser Inkarnation zu entwickeln begonnen. Ich persönlich glaube an Reinkarnation. Dass wir immer wieder neu geboren werden und alles, was wir nicht „erledigen" konnten, von einem ins nächste Leben mitnehmen. Genauso dürfen wir all die Fähigkeiten und Lektionen, die wir gemeistert haben, ins nächste Leben mitnehmen. Deshalb kommen wir oft hier an und haben Fähigkeiten und Talente, die keine kausale Ursache zu diesem Leben haben. Wir haben gutes Karma oder anders ausgedrückt ein „reiches Konto" angesammelt. Ruhe dich nicht darauf aus, sondern frage dich immer: Wie kann ich noch mehr Gutes kreieren? Wie kann ich den größten Mehrwert für mich und andere kreieren? Denn alles, was du kreierst und ausdehnst, wird als Wirkung zu dir zurückkehren. Nutze das Gesetz der Ursache und Wirkung klug und zu deinen Gunsten. Schaffe immer Mehrwert für andere und du wirst ein reiches und erfülltes Leben führen.

Werde dir deiner Talente bewusst und gib dein Leben diesen Talenten. Sie sind ein Geschenk für dich und andere. Suche dir einen Mentor oder eine Mentorin und schaffe dir proaktiv Umstände im Leben, die Wachstum triggern. Du kannst deine Talente trainieren und sie zur Meisterschaft bringen mit Fokus und Disziplin, denn Erfolg ist letztendlich eine Kombination aus Talent und Disziplin. Viele Menschen haben Schwierigkeiten diszipliniert zu sein, denn die alten Paradigmen halten sie zurück. Sie halten sie in der Komfortzone und verhindern die Veränderung. In vielen Sitzungen, die ich gegeben habe, zeigte sich oft ein tiefer liegendes Thema, das damit zusammenhängt. Eines der tiefsten menschlichen Bedürfnisse ist es, dazuzugehören. Indem du offenkundig zu deinen Talenten und Begabungen stehst und sie meisterst, wirst du herausstechen und strahlen. Dieses Strahlen kann dich unter Umständen angreifbarer machen. Doch du hast die Wahl zu wachsen oder einzuschlafen. Entscheide dich, dein Licht strahlen zu lassen und herauszustechen und anderen ein Vorbild zu sein dadurch. Fange an die Erfolge und das Strahlen der anderen zu feiern und deine Umgebung wird beginnen, dich zu feiern. Du gewinnst so viel mehr, als du verlieren kannst.

3. Schwäche:

Was ist eine scheinbare Schwäche oder Verletzlichkeit und wie kannst du diese zu deiner Stärke machen?

Beim Finden und Verwirklichen unserer Seelenaufgabe geht es darum, auch die wunden Punkte und Verletzlichkeiten unserer Persönlichkeit liebevoll zu umarmen und zu integrieren. Das Spannende ist, dass unser größtes Talent oft auch eine große Herausforderung oder eine Lernaufgabe im Leben ist. Ich war zum Beispiel immer schon ein sehr schüchterner Mensch. In Gruppen versteckte ich mich und ich traute mich kaum, den Mund aufzumachen. Ich durfte diese Angst überwinden, und aus dieser Schwäche wurde meine Stärke, denn heute liebe ich es, Gruppen zu leiten und vor Gruppen zu sprechen.

Genauso war es mit meiner Hochsensibilität und erweiterten Wahrnehmung. Viele hochsensible Menschen sehen alles durch ein Vergrößerungsglas, durch eine Lupe. Lauter, intensiver, einfach detaillierter und deutlicher als andere. Diese Wahrnehmungsflut kann überfordern und zu einer Bürde werden. Ich habe früh gemerkt, dass ich mich in großen Gruppen nicht wohl fühle und sie mich regelrecht schwächen. Ich meide diese Gruppen, es sei denn, es handelt sich um sehr hoch schwingende und bewusste Menschen. Die fünf Menschen, mit denen du die meiste Zeit verbringst, ihre Schwingung, ihre Paradigmen, ihre Erwartungen und Perspektiven bestimmen deine Realität. Wir färben alle aufeinander ab. Deshalb umgib dich mit Menschen, die ein hohes Bewusstsein und eine gute Schwingung haben. So wirst auch du schnell wachsen.

Von meinen Klienten werde ich liebevoll die „Detektivin des Unterbewusstseins" genannt. Ob es mir manchmal schwerfällt, Details außer Acht zu lassen und nicht alles zu sehen? Absolut! Eine detektivische Neigung kann genauso unbequem wie heilsam sein. Aber dich unbequem zu fühlen ist per se nichts Schlechtes, es ist einfach nur eine Komponente von Wachstum.

4. Krise:

Welche einschneidenden Krisen und Herausforderungen hast du im Leben gemeistert und was durftest du daraus lernen?

Du hast bestimmte Lernaufgaben und Karma in dieses Leben mitgebracht, die du erlösen darfst. Sieh dir die Geschichte deines Lebens an. Welche Krisen hast du bereits bewältigt und gemeistert? Diese Krisen waren nicht nur für dich selbst gedacht. Du kannst ein Portal für Licht und Wunder für viele andere Menschen aufgrund dieser Erfahrungen werden. Alles, was du erfahren und erlebt hast, ist eine Landkarte für Lösungen für andere Menschen. Wenn dir schwierige und schmerzhafte Dinge widerfahren, Enttäuschungen und Desillusionierung, erinnere dich an folgendes: Es gibt einen Sinn und ein Geschenk, das darin verborgen ist.

Alles, was wir durchmachen, erleben wir, um daraus zu lernen und ein Kanal für Heilung und Beschleuniger der kollektiven Evolution zu sein. Wir haben die Wahl, dieser Kanal zu sein oder im Opferbewusstsein zu verharren. Jeder Gedanke der Vergebung, jede Erkenntnis und jede Einsicht, die du gewinnst, ist immer für die Gesamtheit des menschlichen Bewusstseins. Nichts im Leben passiert ohne Grund. Alles geschieht auf der Basis der universellen Gesetzmäßigkeiten, dem Gesetz von Ursache und Wirkung, dem Gesetz der Gesetze. Alles, was wir aussenden, was wir tun, sagen und denken, kehrt zu uns zurück. Deshalb entscheide dich immer dafür, Ursache für Gutes zu sein und nicht auf Negativität zu reagieren.

Gibt es eine Möglichkeit, Ursache und Wirkung zu umgehen oder aufzuheben? In meinen Augen gibt es diese Möglichkeit. Du kannst Ursache und Wirkung durch ein Wunder eliminieren. Wunder sind die göttlichen Fügungen, die Ursache und Wirkung zeitweise außer Kraft setzen können. Wir können Wunder nicht erzwingen, aber um sie bitten und der Raum werden, der sie zulässt.

Mehr dazu schreibe ich in den Kapiteln Wunder und Erwachen.

5. Dienst:

Was braucht die Welt und was würde der Welt fehlen, wenn du es nicht mehr machen würdest?

Einer der tiefsten menschlichen Schmerzpunkte ist die Sinnlosigkeit oder das Gefühl, nicht zu wissen, wozu wir hier sind oder welchen Beitrag wir leisten können. Unsere pure Existenz ist Beweis dafür, dass wir wichtig und wesentlich sind. Wir hätten dieses Leben und diese wertvolle Zeit nicht geschenkt bekommen, wenn wir keinen Unterschied machen könnten. Jedes Individuum ist einzigartig und wichtig.

Du hast diese Zeit auf Erden und deine Talente geschenkt bekommen, um etwas daraus zu machen und das Beste heraus zu holen. Du hast eine Bestimmung, eine Mission, die schon seit langer Zeit feststeht. In deinem Seelenplan sind sowohl die Höhen und Tiefen deines Lebens angelegt. Die Aufgaben sind bestimmt. Wie du diese Lektionen meisterst und was du daraus lernst, obliegt jedoch deinem freien Willen. Lass das Leben dir deine Aufgaben offenbaren. Höre den Menschen zu, denen du begegnest. Du berührst die Menschen, denen du begegnest, mit deinem Licht und all diese Begegnungen sind keine Zufälle. Es gibt keine Zufälle und es gibt keine Fehler im Universum. All diese Begegnungen sind uralte Abmachungen und wir haben diese Abmachungen miteinander getroffen vor langer, langer Zeit. Du kannst keinen Fehler machen, du kannst lediglich die Zeit verzögern, in der du deine Aufgaben lebst und verwirklichst.

Wenn du deine Seelenaufgabe und deine nächsten Schritte erkennen willst, dann blick dich um. Sieh dir den Zeitgeist und die kollektiven Geschehnisse an und frage dich: Was braucht die Welt gerade am meisten? Was fehlt den Menschen? Und welche Talente und Möglichkeiten hast du, diese Lücken zu schließen?

Triff eine Wahl. Entscheide dich, das volle Potenzial deiner Seelenaufgabe zu leben. Es lohnt sich. Was wäre, wenn du ab jetzt in einer Haltung lebtest, in der du keine falsche Wahl treffen kannst? Wie viel leichter würde dein Leben werden, wenn du dir erlaubst, einfach zu wählen, was du willst, anstatt darüber nachzudenken, was du willst? Wenn du es fühlst und dementsprechend handelst und dich entscheidest? Gehe immer in die Richtung, wo es sich leicht und positiv anfühlt. Auch wenn es im Moment nicht rational erklärbar ist. Das ist der Weg der Seele und der Intuition. Das ist Soul Creation®.

Die ganze Magie steckt bereits in dir. Alles, was wir brauchen, ist in uns. Wir dürfen die Magie zulassen und unser Licht hell leuchten lassen. Du bist ein magisches Wesen. Unbegrenztes Potenzial und Ideen schlummern in dir. Lebe deine Magie. Folge der Stimme der

Intuition und verwirkliche deine Ziele. Du musst nicht wissen „wie“. Du brauchst keinen Plan. Der Plan ist in dir.

Um dich bestmöglich dabei zu unterstützen, das volle Potenzial deiner Seelenaufgabe zu leben, habe ich für dich kraftvolle Meditationen aufgenommen, die du als Bonus kostenfrei zu diesem Buch erhältst. In den Meditationen kommst du in Berührung mit hochschwingenden Energien und kannst das erlangte Wissen dieses Buches für dich vertiefen.

Du kommst zum Bonusmaterial des Buches über diese Seite:

www.lisawallner.com/soulcreationbonusbuch

Seelenvisionen und Ziele

In diesem Kapitel werden wir miteinander die großen Seelenvisionen und Ziele definieren. Die Ziele und Visionen, die sich aufregend, unbegrenzt und so richtig großartig anfühlen. Um dein volles Potenzial zu entfalten, darfst du dir richtig schöne, große Ziele stecken, denn nur dann triggerst du aktiv genügend Wachstum und hast die Möglichkeit, über dich selbst hinaus zu wachsen.

Wieso brauchen wir Ziele?

Awareness + risk taking = personal growth (Fritz Perls)

Wir brauchen Ziele, um zu wachsen. Denn ein Grundbedürfnis jedes Menschen ist Entwicklung und Wachstum. Ein Ziel hilft dir, deine Komfortzone zu verlassen und das verborgene Potenzial in dir zum Leben zu erwecken, das zwischen dir und deinem Ziel liegt. Wir sind hier, um unser Potenzial zu verwirklichen, es zu leben und aus dem Vollen zu schöpfen. Wir verfügen über tiefe Reserven an unentdecktem und ungenutztem Potenzial, das in uns schlummert. Dein Potenzial ist ein Schatz, der entdeckt werden möchte. Es sind Schätze, Möglichkeiten, ungeahnte Kräfte und Talente in uns verborgen, die uns noch gar nicht bewusst sind. Je öfter du dich für die Liebe entscheidest und dir erlaubst, deine Angst zu überwinden, desto mehr wird es zu deiner neuen Gewohnheit, dir Ziele zu stecken, die viel Wachstum triggern. Je größer, desto besser. Hab Spaß an dieser Reise. Wachstum macht Spaß!

Doch wieso sollen wir überhaupt wachsen? Ist es wichtig? Es ist elementar wichtig zu wachsen. Denn es ist elementar wichtig für die Welt, dass du tust, wofür du hier bist. Du bist nicht ohne Grund hier und du kannst für viele Menschen einen Unterschied machen, wenn du dein Licht strahlen lässt und dem Ruf deiner Seele folgst. Denke an das Geschenk deiner Zeit hier auf Erden, das du bekommen hast. Du bist nicht ohne Grund hier. Ob und wie du deine Lebensträume realisierst, kannst nur du entscheiden. Für niemanden werden deine Lebensträume so wichtig sein wie für dich selbst.

Du entscheidest wann, wie und in welchem Umfang du dein Potenzial verwirklichst und deine Träume realisierst. Meine persönliche Ansicht dazu ist: Wozu warten? Wir haben schon so viele wundervolle Chancen nicht genutzt und unsere Zeit ist so wertvoll! Wenn du einen Ruf spürst, dann folge ihm, und zwar am besten sofort.

Bei der Definition deiner Ziele ist es wichtig, darauf zu achten, dass sie aus der Seelenenergie stammen.

Dies ist eine Checkliste, die dir hilft, dir treu zu bleiben und zu überprüfen, ob deine Ziele von der Seele genährt sind.

Checkliste Seelenvisionen:

1. Bei allem, was du dir wünscht und manifestieren möchtest, sei dir gewiss, dass dein Wunsch mit Inspiration und der Bereitschaft zu dienen angereichert ist. Frage dich: Warum willst du das? Dient es nur deinem Ego oder dient es dem Gesamten? Wenn der Wunsch dir und anderen Freude und Wachstum bringt, dann geh damit weiter!

2. Bitte das Universum darum, diesen Wunsch zu erfüllen und dann lass los. Vertraue, dass das Universum zum perfekten Zeitpunkt den Wunsch beantworten wird.

3. Handle nur, wenn du spirituell ausgerichtet und angebunden bist und aus der Freude. Wenn du in Aktion gehst, solltest du spüren, dass deine Energie hoch ist.

4. Habe Geduld. Gib dem Universum Raum, für dich zu arbeiten, indem du zurücktrittst. Das Universum versucht alles zu arrangieren, damit du zum richtigen Zeitpunkt alles bekommst, was du brauchst und dir wünscht.

Die Magie der Ausrichtung

In diesem Kapitel geht es um ein magisches Wort: Ausrichtung.

Deine Ausrichtung ist magisch. Sie beinhaltet deine Werte, Visionen, Glaubenssysteme, Verhaltensmuster und deine Identität. Sie richtet dich förmlich aus in die Richtung, in die du gehen möchtest.

Du synchronisierst dich mit den gewünschten Ergebnissen, indem du diese Ebenen miteinander in Einklang bringst.

Deine Ausrichtung beeinflusst die Energie, in der du bist und deine Energie ist deine Währung für die Zukunft. Alles, was du aussendest, kommt auf derselben Energiefrequenz zu dir zurück. Je bewusster du mit deiner Energie umgehst, desto mehr positive Energie wirst du in dein Leben ziehen. Dieses Momentum hat nicht nur eine wundervolle Auswirkung auf dich selbst, sondern auf das gesamte Universum.

Dein Potenzial potenziert sich durch die Verbindung mit anderen Menschen, die eine ähnliche Ausrichtung haben. Zusammen kreiert ihr Synchronizitäten und Wunder, die wiederum Türen öffnen, für all jene, die noch zweifeln und den Weg nicht finden können.

Es gibt einen Strom an immerwährender Liebe und Wohlbefinden. Einen Raum der Grenzenlosigkeit und des unbegrenzten Potenzials. Wenn du spirituell ausgerichtet handelst, bist du im Einklang damit.

Hör auf, klein zu spielen und erfülle dir deine großen Träume! Es macht Spaß. Handle inspiriert und inspirierend für andere. Achte darauf, dass du im Flow bist, ohne Anstrengung und mit Freude!

Deine Intention ist ein Zauberstab

Intentionen sind magisch. Sie sind Grundenergien, die du ins Universum aussendest. Alles wird sich um diese tragende Grundenergie herum formalisieren und organisieren. Deine Intention ist eine Vibration und wird zu deinem persönlichen Gesetz. Erlaube, dem Universum auf die Frequenz dieser Intention zu antworten. Eine Intention zu setzen ist, wie einen Samen in die Erde zu setzen. In diesem Samen ist das gesamte Potenzial enthalten, im embryonalen Zustand. Wenn du einen Samen in die Erde setzt, lässt du ihn ruhen. Du würdest auch nicht die ganze Zeit die Erde aufgraben, um zu sehen, ob etwas wächst. Die Intention kommt von dem Teil in dir, der bereits weiß, dass dein Wunsch manifest ist.

Eine klare Intention in Verbindung mit Glauben und Vertrauen sowie einer Prise Gelassenheit ist einfach unschlagbar beim Manifestieren. Lehn dich zurück und warte ab ...

Verankere dich in deinem Glauben an das Ergebnis. Der Glaube ist die Brücke zwischen der physischen und der geistigen Welt, Glaube ist eine magnetische Kraft.

A-, B- und C-Ziele

Ziele zu kreieren ist eine Kunst. Die Qualität und Präzision deiner Ziele bestimmen die Qualität deines Lebens. Lass uns jetzt miteinander A-, B und C-Ziele definieren. Ich erkläre dir zunächst den Unterschied zwischen A-, B-, und C-Zielen. A-Ziele sind die Ziele, die du bereits erreicht hast. Etwas, das bereits Realität ist in deinem Leben.

Ein B-Ziel ist ein Ziel, das du dir theoretisch vorstellen kannst, zu erreichen.

C-Ziele sind die Ziele, die sich ein bisschen verrückt anfühlen. Es sind die Ziele, bei denen du dich wirklich strecken darfst, die dich so richtig schön aus der Komfortzone katapultieren. Deine richtig großen Ziele!

Wozu brauchen wir diese großen Ziele? Wieso reicht es nicht aus, mittelmäßige oder bescheidene Ziele zu haben? Wie bereits erwähnt: Der Sinn von Zielen ist unser Wachstum. Je größer dein Ziel ist, desto größer wird dein Wachstum sein. Warum nicht gleich nach den Sternen greifen? Wir haben tiefe Reserven an Potenzial in uns. Wir können so viel mehr erreichen und aktualisieren, als wir uns je erträumen können. Erlaube, dir groß zu träumen und für die Ziele, die sich ein bisschen verrückt anfühlen, loszugehen.

Es sind die Ziele, wo alles in dir zu kribbeln beginnt. Wo alles in dir JA sagt und du gleichzeitig ein wenig Angst spürst. Wie du mit dem Thema Angst oder deiner Terrorbarriere umgehen kannst, darüber schreibe ich im nächsten Kapitel.

Frage dich nie beim Definieren deiner C-Ziele, was du glaubst, was möglich ist. Frage dich lediglich, was du wirklich willst! Gehe in die Energie der Erlaubnis und in den Geist, der alles für möglich hält. Frage groß. Alle Ergebnisse, die du siehst, alle Errungenschaften waren zuerst Ideen. Jemand hat daran geglaubt und es für möglich gehalten. Jemand hat es probiert. Ist vielleicht einige Male gescheitert, aber irgendwann hat es geklappt.

Dein Paradigma wird sich höchstwahrscheinlich melden und versuchen, dir einzureden, was alles dagegen spricht. Lass das alte Paradigma reden und auslaufen wie eine Schallplatte, die leise im Hintergrund läuft, der du aber nicht viel Aufmerksamkeit gibst. Es rebelliert. Wenn es zu laut ist, dann ändere einfach das Volumen. Es gibt einen Regler! Die Paradigmen wollen einen Sog aufbauen. Sie wollen unsere Energie und Aufmerksamkeit. Sie wollen uns beschützen. Doch letztendlich gibt es nichts, wovor du beschützt werden musst. Deine Energie folgt der Aufmerksamkeit. Erinnere dich immer daran, du entscheidest, wo du deine Aufmerksamkeit hinlenkst und woran du glaubst. Auf die Liebe oder die Angst. Erlaube dir zu scheitern, immer wieder, bis es irgendwann klappt. Im Englischen sagt man: „Fail forward“ – Ich liebe diesen Ausdruck, denn er beinhaltet, dass Scheitern eigentlich nur bedeutet, dass du es gewagt hast.

Ein erfolgreicher Mensch ist nicht jener, bei dem immer alles sofort klappt. Ein erfolgreicher Mensch ist ein Mensch, der es immer wieder versucht. Der immer wieder aufsteht und daran glaubt, dass alles möglich ist.

Bewusstsein, Unterbewusstsein und Paradigmen

In diesem Kapitel stelle ich dir die 4 Bewusstseinsstufen vor. Du erfährst, wie du die Kraft und unendliche Weisheit deines Unterbewusstseins nutzen kannst und deine tiefsten Ängste überwindest. Die Kunst des Manifestierens hat einen unmittelbaren Zusammenhang mit deiner Fähigkeit, deine Paradigmen zu verändern. Wie das funktioniert, erfährst du in diesem Kapitel.

Bewusstseinsstufen und spirituelles Wachstum

Bewusstsein ist der Schlüssel zur Freiheit. Unsere menschliche Evolution ist die Erinnerung an die Wahrheit. An das, was wir wirklich sind. Du integrierst alle Schatten in dir und jeden Gedanken der Trennung, indem du sie dir bewusst machst. Im reinen Bewusstsein weißt du, dass du EINS bist mit allem, was es gibt. Du lebst im Gewahr-sein, in der Gegenwart, verbunden und angebunden.

Wir entwickeln uns in dieses Bewusstsein hinein. Wir gehen gemeinsam diesen Entwicklungsweg und erinnern uns gegenseitig, wenn wir vergessen. Wir sind leuchtende oder manchmal weniger leuchtende Beispiele füreinander. Unser Bewusstsein ist die Brille, durch die wir die Realität wahrnehmen. Es beinhaltet alle Filter, Paradigmen, Prägungen und Bilder über die Welt. Auf der Reise zurück zu dir selbst wirst du immer höhere Bewusstseinsstufen erreichen.

Wichtig dabei ist: Es ist kein Leistungssport. In der westlichen Welt ist das Leistungsprinzip so stark in unsere Köpfe eingetrichtert, dass wir es sogar in der Spiritualität leben wollen. Wenn du wirklich an der Spitze, der höchsten Bewusstseinsstufe, der Erleuchtung, angekommen bist, wird dir klar, dass es keinen Vergleich gibt und dass alle Ebenen letztlich miteinander verbunden sind.

Dennoch: In der menschlichen Erfahrung erleben wir diese unterschiedlichen Ebenen ganz real. Wir wechseln sie immer wieder. Du kannst in einer Phase oder einem Lebensbereich deines Lebens bereits ein erhöhtes Bewusstsein erreicht haben und in einem anderen Bereich noch in einer Opferthematik hängen.

Wir befinden uns abwechselnd auf diesen unterschiedlichen Ebenen, doch wenn wir letztendlich aufwachen, erkennen wir, dass nur die Wahrheit wahr ist! Dass wir miteinander verbunden sind. Dass es nur die Liebe gibt und dass jeder Gedanke der Vergebung und des Mitgefühls uns letztendlich selbst befreit.

Der US-amerikanische Autor und spirituelle Lehrer David R. Hawkins veröffentlichte Ende der 90er-Jahre eine Studie, in der er die Ebenen des Bewusstseins beschreibt. Das Buch heißt: „Die Ebenen des Bewusstseins“. Er nutzte die Weisheit des Körpers und den kinesiologischen Muskeltest, um diese Ebenen zu definieren.

Die untersten Ebenen sind geprägt von Überlebensemotionen wie Schuld, Scham, Angst, Wut und Trauer. Diese Emotionen entsprechen in erster Linie einem Opferbewusstsein. Auf der untersten Bewusstseinsstufe herrscht Trennung, Opfer, Angst, Mangel und Konkurrenz, wohingegen im reinen Bewusstsein Fülle und Überfluss da sind.

Wenn du diese untersten Ebenen überwindest, fühlst du Emotionen wie Mut und Stolz. Du besitzt mehr Selbstvertrauen und lässt dich mutig auf das Abenteuer des Lebens ein. Deine Energie wird positiver und produktiver. Doch dein Wohlbefinden ist noch abhängig von äußeren Faktoren, von Erfolg oder der Bestätigung anderer Menschen. Du lebst noch in einem dualen Bewusstsein.

Wenn du dein Bewusstsein weiter erhöhst, wirst du unabhängiger von äußeren Faktoren und fühlst eine Zuversicht und einen Frieden, der von tief drinnen kommt. Du ziehst natürlicherweise Erfolg und Fülle an. Doch definierst du dich nicht dadurch.

Die höheren Ebenen des Bewusstseins sind geprägt von anderen Werten. Du lebst in einer Haltung, dass du Ursache und Schöpfer deiner Realität bist. Du hörst auf zu bewerten und lebst in deiner Schöpferkraft. Du fühlst, dass ein Quell der Freude und Liebe in dir intrinsisch vorhanden ist, unabhängig von äußeren Bedingungen. Du bist verbunden mit deiner Seele und deiner Intuition und manifestierst aus der Seelenfrequenz. Du fragst dich mehr und mehr, was du geben kannst und nicht, was du bekommen kannst, weil du die universellen Gesetzmäßigkeiten tief verinnerlicht hast. Das Glück anderer Menschen wird zu einer Motivationsquelle für dich und du handelst nicht mehr nur eigennützig. Auf der höchsten Ebene des Bewusstseins fühlst du dich verbunden mit der Gesamtheit des Universums und Seins. Du erkennst die Singularität der Existenz und hast die Dualität überwunden. Diese Bewusstseinsstufe ist die Erleuchtung. Erleuchtete Wesen, Bodhisattvas oder Buddhas widmen ihr gesamtes Leben dem Wohle der Menschheit. Sie befinden sich durchgängig im reinen Bewusstsein. Sie sind erwacht.

Das Ziel unserer Evolution ist die Erleuchtung und dieser Bewusstseinszustand ist geprägt von dem Wunsch, dass alle Lebewesen glücklich sein mögen und einem tiefen inneren Frieden.

Wir alle wollen dieses erhöhte Bewusstsein erreichen, das geprägt ist von Liebe. Spirituelles Wachstum ist eine Reise durch diese Bewusstseinsstufen hindurch. Dennoch ist am Weg dorthin ein Realitätscheck notwendig. Beim Versuch, erleuchtet zu werden, passiert es manchmal, dass Menschen sich immer mehr von sich selbst entfernen, weil sie denken etwas anderes sein zu müssen, als sie eigentlich sind. Ich rate dir zu spiritueller Authentizität und nicht spirituellem „Bypass". „Bypass" würde bedeuten, dass du eine Art spirituelle Maske trägst oder versuchst, einem spirituellen Image gerecht zu werden, und dabei deine Echtheit und Kongruenz verlierst. Mache eine ehrliche Inventur deiner Gedanken, Gefühle und Handlungen und überprüfe immer wieder, aus welchem Bewusstsein du gerade agierst. Sei so echt wie möglich und strebe dennoch nach dem höheren Bewusstsein.

Michael B. Beckwith hat in seinem „lifevisioning" Prozess 4 Bewusstseinsstufen definiert.

Die 4 Bewusstseinsstufen nach Michael B. Beckwith sind:

1. Das Opferbewusstsein:

Du erlebst dich als getrennt von allen anderen und bist sehr passiv. Du hast den Eindruck, dass dir alles passiert und du keinen Einfluss darauf hast. Du hast wenig Selbstwirksamkeit und Gestaltungsmöglichkeit. Du glaubst daran, dass die äußeren Umstände dein Leben bestimmen und gibst meistens die Schuld anderen Menschen und gibst die Verantwortung ab. Die Opferthematik besitzt einen großen kollektiven Sog und es braucht Mut und Konsequenz, aus dieser Ebene auszusteigen.

2. Das Manifestor-Bewusstsein:

Auf dieser Ebene weißt du bereits, dass deine Gedanken deine Realität beeinflussen und du nutzt die universellen Lebensgesetze. Du machst kaum noch Schuldzuweisungen, sondern suchst nach dem Geschenk und dem Sinn in den Erfahrungen. Du weißt, dass du die Ursache deiner Realität bist. Du lebst bereits in der Selbstermächtigung und vieles in deinem Leben verändert sich. Dennoch bist du hier zum Großteil noch in der Kontrolle. Du visualisierst deine Wünsche und vieles gelingt dir, manchmal manipulierst du aber zu sehr und versuchst, bestimmte Ergebnisse zu erzwingen. Es fehlt die Hingabe und das komplette Verschmelzen mit dem Universum. Irgendwann erkennst du, dass es noch mehr geben muss! Dass es eine höhere Kraft und Ebene gibt, die anklopft und durch dich wirken möchte. Das ist die Channeler-Bewusstseinsebene.

3. Das Channeler-Bewusstsein:

Die Channeler-Bewusstseinsebene ist die dritte Ebene. Hier erlebst du dich als Kanal und dass alles durch dich passiert. Du bist Kanal für das Göttliche, das sich durch dich ausdrücken möchte. Du bist Medium und empfängst die Manifestationen. Der Verstand und die Kontrolle sitzen am Rücksitz deines Bewusstseins und du bist in Kontakt mit dem Überbewusstsein. Du bist Kanal für die Quelle und für das Licht und verbunden mit deinem höheren Selbst und deiner Seele. Du fühlst dich so richtig im Flow und verbunden mit dem Universum. Du bist verbunden mit deinem höheren Selbst und geistigem Team und erhältst glasklare Hinweise über deine Intuition. Du lässt dich leiten und deine Visionen stimmen mehr und mehr damit überein, was deine Seele wirklich will. Dein Seelenplan offenbart sich. Du versuchst nicht mehr, mit aller Macht etwas zu manifestieren, das nicht sein möchte. Du lässt los und vertraust in einen höheren Plan und eine höhere Macht. „Dein Wille geschehe“ ist hier das Motto.

4. Reines Bewusstsein:

Im reinen Bewusstsein erlebst du alles als „du selbst“. Du erkennst, dass du nicht getrennt bist von deinen Manifestationen und dass alles jetzt passiert. Du bist die Welle im Ozean und fühlst, dass sich das Universum **als du selbst** ausdrückt.

Im reinen Bewusstsein bist du in der Bewusstseinsebene, in der Wunder selbstverständlich sind. Im reinen Bewusstsein erlebst du dich mit allem verbunden. Du fühlst, wie das Universum sich durch dich ausdrückt und ausdehnt und dich mit einem unendlichen Strom an kreativer Energie versorgt. Konkurrenz wird obsolet. Du blickst durch die Illusion dieser Konkurrenzgedanken hindurch. Du fragst dich weniger, was du bekommen kannst, sondern wie du der Welt dienen kannst. Fülle und Wohlstand stellen sich natürlicherweise ein. Du bist im Bewusstsein der Singularität und dem absoluten Vertrauen angekommen – du bist wach. Im reinen Bewusstsein erlebst du dich als EINS mit der Quelle. Du weißt es, du spürst, dass du EINS bist mit allem, was es gibt. Dieses Bewusstsein ist eine erwachte Bewusstseinsebene. Es ist die Meisterschaft. Das ist das Bewusstsein, von dem alle großen Meister gesprochen haben.

Überwinde die Angstbarriere

Auf der Reise deiner Evolution, der Reise deines spirituellen Wachstums, darfst du immer wieder deine Schatten integrieren. Schattenarbeit ist ein Schlüssel beim Manifestieren. Nur wenn du deine Schatten und Ängste kennst und bereit bist, ihnen ins Gesicht zu blicken, kannst du sie integrieren und kongruent werden. Angst ist ein Verhinderer, dem viele Menschen auszuweichen versuchen. Doch Angst und Wachstum gehen Hand in Hand. Wenn du dir große Ziele steckst, wirst du automatisch an die sogenannte Angstbarriere stoßen. Jedes Mal, wenn du dich signifikant veränderst, triffst du auf die Angstbarriere. Sie steht zwischen dir und deiner Freiheit! Mit jeder großen Veränderung wird augenblicklich diese Barriere auftauchen. Wenn dies passiert, hast du die Wahl, – du kannst zurück in die Sicherheit gehen, oder du kannst mutig sein und das Wachstum und die Liebe wählen. Du musst die Angstbarriere durchbrechen, wenn du deine Ziele wirklich erreichen willst. Wenn du mutig auf das zugehst, wovor du Angst hast, wirst du automatisch Wachstum erfahren.

Doch woran erkennst du, dass du vor dieser Angstbarriere stehst? Angst und Aufregung werden oft miteinander verwechselt. Angst ist einfach nur eine bestimmte Vibration. Manchmal fühlt sie sich an wie eine leise Aufregung oder Nervosität, manchmal wie eine handfeste Panik. Dein Herz klopft und vielleicht hast du kalten Schweiß im Nacken – wunderbar! Es ist ein Zeichen, dass du dich mit einer Idee auseinandersetzt, die auf einer anderen Frequenz ist als auf jenen, die du gewohnt bist.

Egal wie intensiv sie sich meldet, umarme die Angst und springe! Jedes Mal, wenn du dich entscheidest, nicht zu springen, entscheidest du dich, auf der alten Frequenz zu bleiben. Denke an dein Ziel und „dein Warum" und blicke der Angst in die Augen. Erinnere dich an „dein Warum" und entscheide dich: Ich werde alles tun, egal was es braucht, diese Angst zu überwinden!

Dein „Warum" muss jetzt größer sein als dein „Warum-Nicht". Dein Wunsch nach mehr muss jetzt größer sein als deine Angst. Du hast den Wunsch nach Wachstum nicht ohne Grund. Manchmal gibt es Wachstumsschmerzen und das ist völlig in Ordnung, auch wenn sie nicht immer angenehm sind.

Wenn du dir ein großes, helles, starkes Ziel setzt und dafür losgehst, kommt automatisch die energetische Ladung hoch, die am anderen Ende des Spektrums angesiedelt ist. Das ist per se kein Problem, doch wir machen es zum Problem, indem wir bewerten und in Widerstand gehen. Echte Schattenintegration bedeutet, den Schatten tatsächlich ins Gesicht zu sehen. Wenn wir die Schatten verdrängen und sie nicht wahrhaben wollen, werden sie uns früher oder später einholen und als Spiegel zurückkommen.

Dieser Prozess heißt Transformation.

Die Komfortzone ist nur scheinbar angenehm, wenn du genauer hinsiehst, verursacht es dir genauso viel Stress, dich nicht zu verändern, wie dich zu verändern.

Verliebe dich in die Angstbarriere und in das Unbekannte, suche sie. Triggere aktiv Wachstum, indem du dir Umstände und Gelegenheiten kreierst, in denen du wachsen musst. So bist du deiner Zeit voraus und lebst proaktiv und verhinderst, dass das Universum sich gegen deinen Willen durch dich ausdehnt und dir Umstände kreiert, in denen du wachsen musst. Persönliches Wachstum und Potenzialentfaltung darf Spaß machen und ist purer Genuss. Du weißt nie, wie viel Zeit du noch hast. Es ist eine Illusion zu denken, wir haben endlos Zeit.

Unbehagen und Unbequemlichkeit sind wunderbare Zeichen, dass du gerade wächst. Ich rate dir, deine Beziehung und Haltung zum Thema Angst neu zu bewerten. Verliebe dich in diese Intensität, suche diese Intensität und sei diese Intensität. Je größer dein Wachstum, desto größer wird auch die Intensität sein.

Was wäre, wenn du Angst ab sofort „Aufregung" nennst. Wenn du einfach die Energie wahrnimmst, die durch deinen Körper zirkuliert, wenn du vor der Terrorbarriere stehst. Das Herzklopfen, das du fühlst, ist ein kraftvolles Zeichen, dass du das Wagnis und das Abenteuer des Lebens eingehst und es nicht verschläfst.

Umgib dich mit Menschen, die dich bestärken und bereits da sind, wo du hin willst. Das ist der schnelle Weg des Wachstums. Studiere die Eigenschaften und das Verhalten der Menschen, die ihre Ziele erreichen und umsetzen und nicht nur darüber sprechen. Und trau dich zu springen, am besten sofort.

Entscheide dich jetzt. Aufschieben ist ab sofort keine Option mehr: Egal wie sehr ich mich überwinden muss, egal was es braucht, ich gehe los für meine Träume. Durchs Losgehen, durchs Handeln gibst du dem Universum ein Signal, dass du „all in" gehst, dass du es ernst meinst und mit im Boot sitzt!

Nutze die Kraft deines Unterbewusstseins

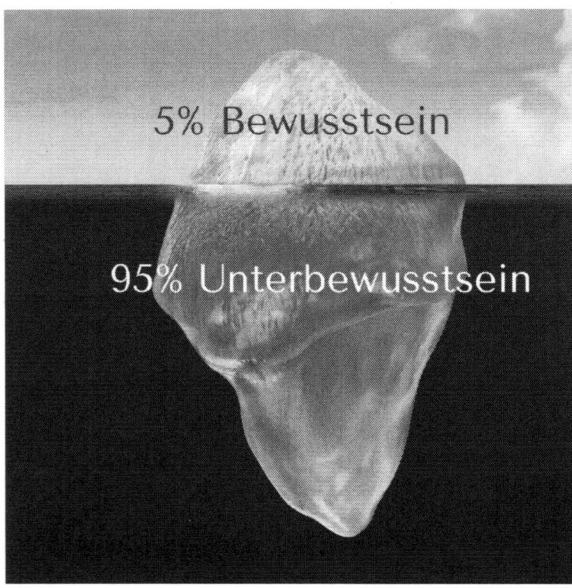

Dein Unterbewusstsein ist eine Festplatte, ein Speicher, eine Unmenge an Daten. Je genauer und konsequenter du dein Unterbewusstsein erforscht und die unbewussten Anteile ins Bewusstsein integrierst, desto kongruenter wirst du und je kongruenter du bist, desto schneller und müheloser kannst du seelengeführt manifestieren. Paradigmen werden von Generation zu Generation weitergegeben. Sie bestimmen deine Sichtweise, deinen Standpunkt und deine Haltung gegenüber der Welt. Dein gesamtes Weltbild im Grunde genommen.

Sie spiegeln sich auch in deinen Gewohnheiten. Wenn du deine Realität verändern möchtest, dann verändere deine Routinen und deine Gewohnheiten. Fang an dir neue Gewohnheiten zu kreieren und sie konsequent umzusetzen.
Das Unterbewusstsein ist komplex und es ist unmöglich bzw. sehr, sehr langsam, es alleine zu entwirren. Wenn du einen schnellen und einfachen Weg willst, dann suche dir einen Mentor oder eine Mentorin, die dich dabei unterstützt, die tief sitzenden Konten im Unterbewusstsein zu lösen.

Um richtig manifestieren zu können, müssen wir verstehen, wie unser Bewusstsein und Unterbewusstsein funktionieren. Unser Bewusstsein ist das, was wir wissen. Unser Unterbewusstsein ist das, was wir tatsächlich sind und leben. Unser Unterbewusstsein weiß alles. Es nimmt 95 % aller Eindrücke unseres Geistes auf und verarbeitet diese. Darum gibt es auch den Satz, dass wir nur 5 % unseres gesamten geistigen Potenzials nutzen. Denn unser wahres Potenzial liegt im Unbewussten. Deshalb formen unsere unbewussten Annahmen unser Leben. Man kann auch sagen, dass unser Unterbewusstsein Projektor und Leinwand ist. Das objektive Bewusstsein dagegen ist der Betrachter. Somit sind unsere Annahmen, Glaubenssätze und Vorstellungen die Filme, die projiziert werden. Und diese Filme bestimmen, welche Umstände wir im Leben haben, welche Geschehnisse passieren, welche Menschen wir um uns haben und denen wir begegnen.

Unser bewusster Verstand urteilt auf der Basis von Beobachtungen, Erfahrung und Bildung. Das Unterbewusstsein andererseits urteilt deduktiv und kümmert sich nicht um Wahrheit oder Falschheit. Es kann nicht zwischen wahr und unwahr unterscheiden.

Dein Unterbewusstsein manifestiert unentwegt alles, woran du zutiefst glaubst und was du für möglich hältst. Alle Antworten und Spuren sind in deinem Unterbewusstsein enthalten. Dein Selbstbild, deine Paradigmen, Prägungen, Erfahrungen. Es ist faszinierend, wie facettenreich und großartig unser Unterbewusstsein ist. Du kannst lernen, dein Unterbewusstsein neu zu programmieren und dir Paradigmen zu erschaffen, die in Harmonie mit der Realität sind, die du manifestieren willst.

Beginne am besten mit dem Selbstbild, deiner Identität. Fang an, dich selbst so zu sehen, wie du sein willst und von anderen wahrgenommen werden möchtest. Begib dich in die Energie dieser Person, fang an so zu denken und dich dementsprechend zu fühlen. Werde zu dem Menschen, der du sein willst. Diese Person ist bereits da, sie ist tief in dir verborgen, in deinem Potenzial, in deiner Tiefe. Du darfst sie zum Leben erwecken.

Wenn du dich veränderst, verändert sich deine Frequenz.

Wenn sich deine Frequenz verändert, verändert sich deine Realität.

Es ist so simpel.

Verändere deine Paradigmen

Unser Unterbewusstsein ist das Zuhause unserer Paradigmen. Es gibt kollektive, systemische, genetische und individuelle Paradigmen. Aufstellungsarbeit ist einer der schnellsten Wege, diese Verstrickungen an die Oberfläche des Bewusstseins zu holen und sie zu lösen. Stell dir die Paradigmen wie ein Bündel an Gewohnheiten vor, die dein Leben bestimmen. Es sind gewohnheitsmäßige Verhaltensweisen, die du meist in der frühen Kindheit erlernt hast.

Deine Paradigmen sind wie eine Box, in der du dich bewegst. Die Grenzen dieser Box sind die Grenzen deiner Vorstellungskraft und deiner Realität.

Es gibt zwei Möglichkeiten, dein altes Paradigma zu verändern und zu überschreiben. In seltenen Fällen erlebst du einen Schock mit einer immensen emotionalen Auswirkung. Doch diese Art und Weise ist selten und nicht kontrollierbar. Der kontrollierte Weg ist, dir neue Paradigmen zu erschaffen und die alten zu überschreiben durch Wiederholung. Definiere zunächst deine Ziele und beobachte Menschen, die diese Ziele bereits erreicht haben. Dabei geht es nicht um ein Messen oder Vergleichen, sondern um gegenseitige Inspiration. Wir dürfen voneinander lernen und uns Eigenschaften ausleihen. Alles, was du an anderen bewunderst, ist letztendlich dein eigenes Licht. Alles, was dich stört, ist auch ein Teil in dir, den du nicht vollständig integriert hast.

Wir sind nicht Opfer unserer Paradigmen oder unserer Geschichte. Wir können wählen, sie zu verändern. Wir können neue Perspektiven und Standpunkte einnehmen und die Betrachtungen auf die Welt verändern. Du kannst eine Realität wählen, die jenseits von deinem momentanen Standpunkt und deinen Paradigmen liegt.

Du bist nicht deine Vergangenheit. Du bist nicht die Prägung deiner Familie. Du bist nicht deine Wunde. Du bist nicht dein Ego. Du bist nicht dein Körper.

Was bist du dann wirklich?

Du bist reiner Geist, du bist Bewusstsein, Liebe und unendliches Licht. Du bist unfassbar großes Potenzial. Du bist verbunden mit dem Universum selbst. Was wäre, wenn du aus dieser Haltung heraus manifestiert? Was wäre möglich, wenn das deine neue Brille auf die Welt ist? Wenn du alle Menschen so betrachtest, als wären sie unendliche, unfassbar große, potente Wesen?

Die 5 Ebenen der Manifestation

Die 5 Ebenen der Manifestation sind ein kraftvoller Schlüssel, auf den du dich immer wieder beziehen kannst.

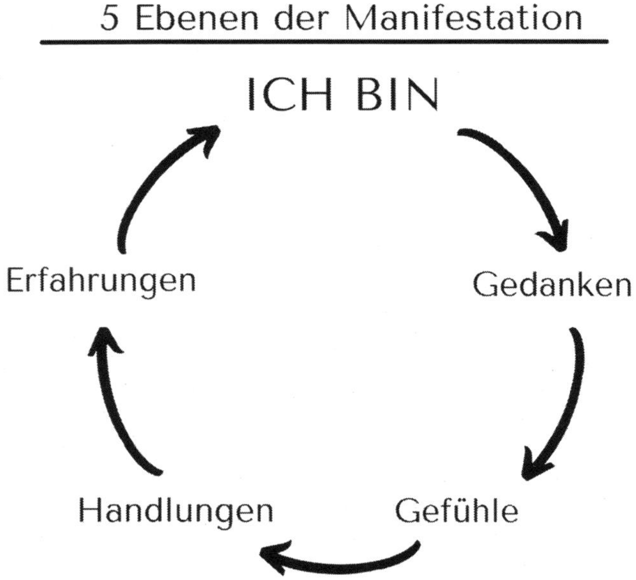

ICH BIN

Die erste Ebene dieses Schlüssels ist dein ICH BIN oder deine Identität. ICH BIN sind mit die kraftvollsten Worte im Universum. Jeder Satz, der mit ICH BIN startet, ist eine tragende Grundenergie, die du ins Universum aussendest und deine Identität ist das Bild, das du von dir selbst hast. Es ist ein tiefes Bild in deinem Unterbewusstsein. Und das Universum antwortet darauf. Das Universum reagiert nicht auf das, was du willst, sondern auf das, was du bist.

Mache dir bewusst, wie du dich selbst siehst. Frage dich: Wer musst du auf Bewusstseinsebene werden, um deine Ziele zu erreichen. Sei was du haben willst.

Gedanken

Genauso wie du deinen Körper trainierst, kannst du auch dein Mindset trainieren. Um deine Ziele zu manifestieren, darfst du dir eine neue Art zu denken antrainieren. Dies braucht Konsequenz und Disziplin. Jedes Mal, wenn du einen neuen Gedanken denkst und wiederholst, bilden sich in deinem Gehirn neue neuronale Schaltkreise. Zu Beginn fühlt sich das ein wenig unangenehm oder fremd an. Doch je öfter du diese neuen Gedanken denkst, desto natürlicher werden sie sich anfühlen. Wiederholung ist der Schlüssel zum Erfolg. Jeder Gedanke, jedes Gefühl und jede Entscheidung ist eine Wahl!

Wenn du erfolgreiche Menschen studierst, wirst du einen gemeinsamen Nenner finden: Ein Erfolgs-Mindset. Trainiere dir ein Erfolgs-Mindset an. 95 % des Erfolges ist Mindset und nicht Strategie. Überprüfe deine Gedanken so oft wie möglich. Es gibt so viele wunderbare Tools, die dich dabei unterstützen. Erlaube dir in Übereinstimmung mit deinen Visionen und Zielen zu denken. Auch wenn es sich zu Beginn noch unbequem und fremd anfühlt. Deine Gedanken sind so kraftvoll. Sie sind die Grundlage deiner Sprache. Sei achtsam mit deiner Sprache, deinen Formulierungen und deinen Worten.

Jedes Mal, wenn du einen Satz oder Gedanken formulierst, der negativ ist, schließt du eine Türe in deinem Unterbewusstsein.

Anstelle zu sagen: „Das wird nie klappen!“ – probier es einmal mit: „Was wäre, wenn es klappt?“, oder „Wie kann es funktionieren?“, oder „Wer darf ich sein, um beizutragen, dass es klappt?!

Eine offene Frage zu formulieren öffnet eine Türe in deinem Unterbewusstsein und sie öffnet eine Türe im Universum. Eine große Frage birgt eine große Antwort in sich. Je größer die Frage, desto besser!

Der österreichische Philosoph und einer der Begründer des Konstruktivismus Heinz von Foerster, hat gesagt: Handle stets so, dass die Anzahl der Wahlmöglichkeiten größer wird.

Ich persönlich möchte das gerne ergänzen: Denke stets so, dass Unmögliches plötzlich möglich erscheint.

Fusioniere mit dem Ziel und denke aus dem Zielzustand heraus. So als wärst du bereits dort. Diszipliniere deinen Geist von diesem Zustand ausgehend zu denken. So erhöhst du dein Bewusstsein. Dein Bewusstsein ist das Zuhause, von dem aus du die Welt siehst. Du kannst bestimmte Zusammenhänge erst im Nachhinein verstehen, denn das Universum ist ein Mysterium. Vertraue, dass sich die Zusammenhänge zum perfekten Zeitpunkt erschließen werden.

Energie folgt der Aufmerksamkeit und die Aufmerksamkeit ist das Wertvollste, das du besitzt. Deine Aufmerksamkeit ist dein Kapital. Trainiere deinen Geist auf der Frequenz deines Zieles zu denken. Denke auf dieser Frequenz. Jeder Gedanke ist eine Frequenz, die du ins Universum aussendest.

Du bist die Quersumme deiner Gedanken. Menschen, die mit dir in Berührung kommen, können instinktiv fühlen, was du über sie denkst. Probiere einmal Folgendes: Jedes Mal, wenn du einem Menschen begegnest, egal wo, denke dir: „Du bist wunderbar, du bist wertvoll, du bist wunderschön." Und beobachte, was passiert. Alle Gedanken, die du aussendest, sind Energie, die irgendwann zu dir zurückkommt. Deshalb wähle deine Gedanken weise.

Die Wahrheit ist, dass du alles machen kannst, aber du musst es glauben. Ohne den Glauben daran wird es nicht geschehen. Die Gedanken, die wir verinnerlichen, erzeugen unsere Schwingung, und unsere Schwingungen verursachen unsere Handlungen. Unsere Aktionen führen zu Reaktionen. Es ist die Aktion/Reaktion, die das Ergebnis Glauben hervorbringt – du musst glauben, dass es getan werden kann. Entscheide dich für den Glauben und gegen die Angst. Diese Entscheidung wird einen Welleneffekt auf andere Menschen haben. Alles, was du mit Konzentration und Glauben vor deinem geistigen Auge hältst, wird sich manifestieren. Früher oder später.

Gefühle

Positives Denken ist extrem wichtig, doch nur positives Denken alleine reicht nicht aus, denn Gefühle sind die Sprache des Universums. Gefühle verbinden dich mit deinem Körper. Die Gefühle sind eine tiefere Wahrheit über das, was du über dich selbst und die Welt denkst. Das Universum „matcht" nicht, was du willst, sondern was du bist und fühlst. Deine Gefühle bestimmen deine Energie und du kannst immer wählen, wie du dich fühlen möchtest. Wir sind so konditioniert, dass wir glauben, dass die Ursache unseres Glücks im Außen liegt. Die Ursache deines Glücks liegt ausschließlich in dir selbst. Nichts im Außen kann dich glücklich machen und nichts im Außen kann dich unglücklich machen! Ein unglücklicher Mensch wird immer einen Grund finden, unglücklich zu sein. Ein glücklicher Mensch wird das Glas immer halb voll wahrnehmen.

Die 5 Ebenen der Manifestation sind nicht linear zu verstehen, sondern sie bedingen und beeinflussen einander. Du kannst auf jeder dieser Ebene ansetzen und alle anderen beeinflussen.

Unsere Gedanken bedingen die Gefühlswelt, in der wir uns befinden und Gefühle sind pure Energie, die du aussendest. Oft haben Menschen den Eindruck, Opfer ihrer Gefühle zu sein. „Ich fühle mich heute nicht gut, deshalb ..." – ist eine beliebte Ausrede, etwas nicht umzusetzen.

Gerade im Business ist es wichtig, das zu verstehen. Wenn du dein Business nachhaltig erfolgreich aufbauen möchtest, darfst du in dir die Disziplin entwickeln, erfolgsorientierte Handlungen zu setzen, und zwar jeden Tag, egal wie du dich fühlst. Deine Gefühle werden sich deinen Routinen anpassen. Gefühle sind veränderbar. Gefühle sind einfach nur Energie. Was auch immer du fühlst, ziehst du zu dir wie ein Magnet. Je größer die Intensität der Gefühle, desto stärker dein Magnetismus. Oft reagieren wir gewohnheitsmäßig und fühlen uns schlecht, weil Dinge passieren, die nicht den Erwartungen entsprechen. Doch letztendlich ist das Gefühl eine Wahl, zumeist eine unbewusste. Es sind unsere Paradigmen, unsere Gewohnheiten und Prägungen, die uns gelehrt haben, wie wir reagieren.

Wie möchtest du dich fühlen?

Und was liebst du daran, dich schlecht zu fühlen?

Was wäre, wenn ab jetzt Leichtigkeit und Harmonie genauso intensiv sind wie Drama und Schmerz?

Handlungen

Viele Menschen haben Schwierigkeiten damit, ihre Visionen wirklich auf die Erde zu bringen, weil sie nicht ins Tun kommen. Es fühlt sich manchmal an wie eine regelrechte körperliche Blockade oder Trägheit. Wenn du dieses Muster kennst, mach dir bewusst, dass es ein altes Paradigma ist, das dich wie ein Sog zurückzieht. Das Paradigma kämpft ums Überleben. Unsere Paradigmen und Schutzmechanismus sind nicht ohne Grund da, sondern sie haben eine funktionelle Bedeutung im System. Sie dienen uns. Sie sind eine Strategie, mit der Realität zurechtzukommen. Gehe in Kontakt mit dem Muster und frage es: Wovor hast du bis jetzt versucht, mich zu bewahren? Mach dir den Nutzen und den Gewinn bewusst.

Setze den Preis gegenüber, den du dafür zahlst, dieses Muster beizubehalten.

Es gibt so viele kreative Möglichkeiten, zu erreichen, was du willst. Doch du musst ins Tun und in die Umsetzung kommen und eine disziplinierte Erfolgsroutine entwickeln.

Erfolgreiche Menschen sind erfolgreich, weil sie jeden Tag erfolgsorientierte Handlungen setzen.

Wenn du viele erfolgsorientierte Handlungen in einer kurzen Zeit setzt, wirst du schnell Erfolg manifestieren. Entwickle die Gewohnheit, dich rasch zu entscheiden. Ohne Entscheidungen kannst du nicht gewinnen. Das Schlimmste ist, keine Entscheidung zu treffen. Nur wenn du das Risiko eingehst zu verlieren, kannst du auch gewinnen. Triff die Entscheidungen aus dem Ziel heraus, aus der neuen Identität und nicht aus dem alten Paradigma.

Du bekommst keine Resultate, indem du Videos ansiehst und Bücher liest. Resultate kommen durch dein Handeln. Gemäß deiner Ziele zu handeln, ist ein klares Signal ans Universum, dass du es ernst meinst, dass du dich einsetzt.

Doch bevor du ins Handeln kommen kannst, musst du wissen, was du tust und wozu. Es bringt nicht viel, einfach nur hektisch Dinge auszuprobieren, ohne einen Plan zu haben. Mach dir das große Ziel bewusst, die Vision, den Weg und dann mach dir einen Plan. Suche dir einen Coach oder Mentor, der dich auf deinem Weg begleitet, denn es alleine zu probieren, ist viel langsamer und schwieriger und macht nicht so viel Spaß.

Wenn du mit deiner Seelenfrequenz verbunden bist, wirst du Schritt für Schritt geführt. Du handelst inspiriert und spirituell ausgerichtet. Du arbeitest nicht mit deiner eigenen Energie, sondern befindest dich in einer Zone, wo du weißt, dass eine höhere Macht durch dich wirkt.

Mache es dir zur Gewohnheit, nichts ohne Inspiration zu tun. Wenn du keine Inspiration hast, dann warte ab. Sei geduldig und warte, bis du einen klaren Impuls bekommst, etwas zu tun. Lass dich nicht verunsichern, wenn du nicht sofort die Ergebnisse deiner Manifestation siehst. Lass die Dinge sich gemäß einer höheren Ordnung entwickeln. Sei in der Hingabe und gib die Kontrolle ab. Es ist so oder so eine Illusion, dass wir irgendetwas kontrollieren können. Genieße den freien Fall. Handle von einem Ort der Inspiration in dir. Sei voll im Vertrauen und glaube daran, dass du vom Universum unterstützt wirst. Inspiriert zu handeln geht einher mit einer bestimmten Bewusstseinsebene.

Diese Bewusstseinsstufe nennt man die Channeler-Bewusstseinsstufe. In der Channeler-Bewusstseinsebene fühlst du, dass das Universum durch dich manifestiert. Du lebst in Einklang mit den universellen Lebensgesetzen. Alles im Universum ist Gesetzmäßigkeiten unterworfen, universellen Lebensgesetzen. Eines davon ist das Gesetz des Rhythmus. Alles im Universum folgt diesen Bewegungen, Wellen oder Rhythmen. Um mühelos zu manifestieren, ist es klug nicht gegen, sondern mit diesen Rhythmen und Wellen zu fließen. Wenn die Welle gerade eine Yin-Welle ist und sich alles zurückzieht, dann macht es nicht viel Sinn, nach außen zu pushen und mit Druck zu versuchen, Dinge umzusetzen. Du brennst dabei aus und bist am Ende frustriert, weil es doch nicht geklappt hat. Warte ab und entspanne dich in dieser Phase.

Doch wenn die nächste nach außen gerichtete Yang-Welle kommt, dann zögere nicht, sondern nutze diese Kraft und lenke die Energie in Richtung deiner Ziele! Jetzt kannst du nicht nur handeln, sondern du musst es tun, wenn du Erfolg haben willst. Das ist inspiriertes Handeln oder die Magie der Ausrichtung. Du manifestierst ein kraftvolles Momentum.

Wenn du eine tiefgehende Umsetzungsblockade hast, ist es wichtig, dir Unterstützung zu suchen, um herauszufinden, woher diese Blockade kommt.

Ich begleite viele Menschen, die mit ihrem Business in den Startlöchern stehen und ich erinnere mich an eine Kundin, die sich selbstständig machen wollte. Als sie zu mir kam, erzählte sie mir, dass sie schon fünf Jahre lang diesen Traum hatte, immer wieder darüber gesprochen hatte, ihren Job als Angestellte im Büro kündigen zu wollen. Sie hatte den Wunsch, als Beraterin und Coach zu arbeiten. Sie hatte großes Potenzial und ein großes Talent und ein wunderbares Licht. Als ich mit ihr sprach, habe ich sofort gesehen, dass es ihre Seelenaufgabe ist, mit Menschen zu arbeiten. Durch ihre Feinfühligkeit und ihre Empathie hatte sie alle Kompetenz, die es braucht, um als Beraterin wirklich erfolgreich zu werden.

Doch was fehlte ihr? Es fehlte ihr der Glaube und der Mut an sich selbst. Glaube und Mut sind wie Geschwister. Wenn das eine schwach ist, kann das andere helfen. Denk an eines deiner Vorhaben. Vielleicht ist es ein Businessziel, vielleicht möchtest du auf der Bühne stehen, vielleicht möchtest du eine Reise machen oder du möchtest ein schwieriges Gespräch führen, das du schon lange aufschiebst. Gestalte dein Leben proaktiv und bleibe nicht in einer Passivität hängen, im Abwarten, im Verschieben. Im Normalfall wird es nicht leichter, sondern schwieriger, je länger du wartest.

Verschieben ist ein Muster, ein Paradigma, das viele Menschen davon abhält, in die Umsetzung und ins Tun zu kommen, in die Aktion zu gehen. Sie haben das Gefühl, sie hätten ewig Zeit. Und deshalb verschieben sie immer wieder. Spür hin, – was ist es, was du schon lange aufschiebst? Was brauchst du, um sofort loszugehen? Denke daran und fühle, welche Energie dir dieses Aufschieben im Leben gerade kreiert? Welche Realität kreierst du mit dem Verzögern? Und was ist dein Nutzen? Was ist das Gute daran, dass du verzögerst?

Um eine Dynamik grundlegend zu verändern, ist es wichtig, den Nutzen dahinter zu erkennen. Egal ob es sich um ein körperliches Symptom handelt oder um irgendeinen Zustand des Mangels im Leben. Unser Unterbewusstsein versucht uns immer zu schützen, indem es den Status quo aufrecht erhält. Um eine nachhaltige Veränderung der Paradigmen deines Unterbewusstseins herbeizuführen, musst du all deine Anteile mit ins Boot holen. Deine Unterpersönlichkeiten sind Anteile, die versuchen, dich zu schützen, aus Angst vor Veränderung.

Doch das Universum ist Ausdehnung. Unendliche Ausdehnung. Das Universum möchte, dass du dich ausdehnst, immer größere Versionen und Bereiche von dir selbst erfährst und erlebst. Es wird dich sanft pushen in Richtung deiner nächst- größeren Version. Wenn du dieses sanfte Schubsen nicht annimmst, dann wird es anfangen, dich stärker zu pushen, und dir Umstände kreieren, die dich förmlich zum Wachstum zwingen. Wir wachsen nicht nur, um unser persönliches Wachstum voranzutreiben, sondern auch für die Evolution der Menschheit. Wir sind miteinander verbunden und wir haben die Möglichkeit, die Evolution zu beschleunigen. Persönliches Wachstum ist mit dem kollektiven Wachstum verbunden. Einer geht immer zuerst, in der Regel der Mutigste.

Wie gesagt: Mut und Glaube sind Geschwister. Auf einer tiefen Ebene kontrollieren sie unser Verhalten. Wenn du nicht glaubst, wirst du alles zurückhalten, doch wenn du es tust, wirst du das Unmögliche für möglich halten. Dein Unterbewusstsein ist der emotionale Teil deines Geistes und wichtig ist, dass du auf dieser tiefen emotionalen Ebene an deine Ziele und deine Möglichkeiten glaubst! Es ist ein tiefes Wissen in dir, das Berge versetzen und sich auf deinen Körper und dein Verhalten übertragen wird. Verankere deinen Glauben in das Unsichtbare so fest du kannst und gib dem Universum einen Vertrauensvorschuss. Lasse los und versuche es offen zu lassen, wann und auf welche Weise dein Wunsch beantwortet wird. Er wird beantwortet werden.

Blicke deinen Ängsten ins Gesicht. Wovor hast du Angst? Hast du Angst, dass andere dich bewerten? Die Ursache dafür ist Scham. Sie ist eine der tiefsten menschlichen Emotionen und ist die unterste Ebene auf der Landkarte der Emotionen und Bewusstseinsstufen nach David R. Hawkins.

Wer bist du ohne deine Scham? Was wäre, wenn du dir erlaubst, zu experimentieren und Fehler zu machen? Was wäre, wenn du das ganze Universum als Spielfeld siehst, indem du ausprobieren darfst und du nicht immer alles perfekt machen musst?

Um ins Tun zu kommen, brauchst du deinen Mut. In den von mir entwickelten FoCos® Aufstellungen arbeiten wir unter anderem mit den inneren Anteilen. Ein Persönlichkeitsanteil, den ich persönlich sehr liebe, ist die Kriegerin oder der Krieger. Der Krieger oder die Kriegerin in dir geht einfach mutig los und stellt sich dem Leben. Bist du bereit, dich wirklich auf dein Leben einzulassen? Bist du bereit, dich in dein Leben hineinzustellen? Bist du bereit, ein Risiko einzugehen, dass etwas nicht funktioniert, aber zu wissen, dass du es zumindest probiert hast? Bist du bereit, das Risiko einzugehen, verletzt zu werden? Enttäuscht zu werden? Bist du bereit, zuerst zu lieben und dein Herz zu öffnen, auch wenn du keine Garantie hast, dass du zurück geliebt wirst? Einfach, weil du weißt, dass du die Liebe bist.

Immer wenn du merkst, dass deine Angst anklopft und dich ausbremst, dann stell dir vor, du liegst mit 90 in deinem Sterbebett. Du blickst zurück auf dein Leben, auf die Spur, die du hinterlassen hast. Du blickst zurück auf diesen Moment: Was hast du zu verlieren? Wer möchtest du sein am Ende deiner Tage? Auf welches Leben möchtest du zurückblicken? Spiel den Film zu Ende. Was wäre, wenn es nicht funktioniert. Ist es wirklich eine große Sache? Ein Drama? Ist es nicht einfach völlig okay, den Ausgang offenzulassen und dass du es einfach um der Sache selbst willen tust? Einfach, weil du den Wunsch hast und dem Universum die Chance geben möchtest, diesen

Wunsch zu beantworten. Auf die perfekte, wundervollste und magischste Art und Weise, die du dir jetzt noch nicht einmal vorstellen kannst?

Erinnere dich daran, dass Zeit eine Illusion ist! Alles, was du tun möchtest, kannst du nur jetzt tun. Du kannst es nicht morgen machen. Die Zukunft ist eine Illusion. Gehe jetzt los für deine Träume!

Angst ist der Punkt deines größten Wachstums und Angst ist eine natürliche Begleiterscheinung von Wachstum. Es ist nicht verkehrt, dass sie sich zeigt, sondern ein gutes Zeichen, dass du wächst. Du kannst wählen, wie du damit umgehst. Du kannst dich entscheiden, der Angst ins Auge zu blicken und die Dinge trotzdem zu tun, die dich rufen. Nimm sie mit ins Boot und entscheide dich für die Liebe. Angst ist das polare Gegenteil zur Liebe. Wenn du Angst hast, gibt es nur eine einzige Lösung und die Lösung ist die Liebe. Das Wunder ist die Brücke zwischen der Angst und der Liebe.

Das Zauberwort beim Manifestieren ist Folgendes: Umsetzen. Positives Denken allein funktioniert leider nicht. Viele Menschen versuchen jahrelang zu manifestieren und stellen sich ihre Träume vor. Das ist ein wichtiger erster Schritt, doch wenn du die weiteren Schritte vergisst und sie nicht befolgst, wirst du keinen Erfolg haben. Du hast die Wahl. Wir haben immer die Wahl, anders zu denken und anders zu handeln. Erinnere dich immer wieder daran: Du bist die Ursache. Nicht nur deine Gedanken, sondern auch deine Gefühle und vor allem deine Handlungen haben einen Effekt. Jeder Gedanke hat eine bestimmte Frequenz. Jeder Gedanke katapultiert dich in ein eigenes Universum an neuen Möglichkeiten. Was ist jetzt möglich, das du bis jetzt gedacht hast, dass es nicht möglich ist?

Stelle dir diese Fragen und warte ab, was passiert.

ERFAHRUNGEN

Die Erfahrungen sind die Quersumme aller anderen Ebenen und gleichzeitig bedingen und beeinflussen sie die anderen Ebenen. Die realen Erfahrungen, die du machst und die Ergebnisse, die du kreierst, sind ein Spiegel deiner Innenwelt.

Es ist so wichtig: Es geht nicht um Schuld, Scham oder Selbstbewertung. Erinnere dich. Scham ist auf der Skala des Bewusstseins die unterste Stufe. Du bist okay so wie du bist. Nein, du bist nicht nur okay: Du bist perfekt so wie du bist! Mit all deinen Mustern, Kreationen, Manifestationen, Flausen, Paradigmen und scheinbaren Fehlern. Versuche dich nicht zu bewerten für deine Erfahrungen, auch wenn du bereits weißt, dass du die Ursache bist.

Viele Menschen tappen in die Falle des „Selbstoptimierungszwanges". Persönlichkeitsentwicklung und Transformation werden zu einer Art Leistungssport und du beginnst dich mit anderen zu vergleichen, dich besser oder schlechter zu fühlen als sie. Du versuchst einem bestimmten spirituellen Image gerecht zu werden und wirst immer weniger authentisch dadurch. Die meisten von uns sind irgendwann in diese Falle getappt. Es gehört zur Entwicklung. Erst durch die Erfahrung, nicht authentisch zu sein, kannst du den Wunsch verspüren, immer authentischer zu werden. Es ist ein so tief in uns Menschen verankertes Muster, dass wir dazu gehören wollen.

Wir sind hier, um zu lernen, uns zu entwickeln und unser Potenzial zu entfalten. Wir müssen nicht perfekt sein, sonst würden wir nicht mehr lernen und wachsen. Wir sind so viel mehr, als wir uns selbst vorstellen können. In uns ist die gesamte Kraft, das gesamte Potenzial des Universums enthalten. Alles, was du als Realität siehst und erlebst, war zunächst ein Gedanke, eine Möglichkeit. Jemand hat sich entschieden, diese Möglichkeit real werden zu lassen. Jemand hat sich entschieden, an diese Möglichkeit zu glauben. Jemand hat sich entschieden, in die Umsetzung zu gehen.

Was ruft dich? Du weißt, was es ist. Es ist ein tiefer, alter Ruf in dir, eine Sehnsucht, ein unbändiger Wunsch. Was ist es, das du wirklich willst? Das ist die wichtigste Frage in deinem Leben. Nimm dir Zeit, sie zu beantworten.

Angst ist die Hauptursache, nicht ins Tun zu kommen. Wovor haben wir eigentlich Angst? Unsere tiefste Angst ist, wirklich zu strahlen. Die Angst vor Erfolg und die Angst vor Misserfolg sind lediglich zwei Seiten der gleichen Medaille.

„Unsere tiefste Angst ist nicht, dass wir unzulänglich sind. Unsere tiefste Angst ist, dass wir unermesslich machtvoll sind. Es ist unser Licht, das wir fürchten, nicht unsere Dunkelheit."

Marianne Williamson

Über viele Jahrhunderte, Jahrtausende haben wir gelernt, dass unsere strahlende Größe mit Konkurrenz, Neid und Angriff einhergeht. Doch diese kollektive Dynamik können wir nur miteinander verändern, indem wir beginnen unsere Erfolge gegenseitig zu feiern. Konkurrenz und Neid sind Teil des Mangelparadigmas und es braucht jetzt eine kritische Masse an Menschen, die bereit sind aus diesem Mangelbewusstsein auszusteigen.

Indem du anderen ihre Größe zugestehst, erlaubst du dir selbst deine Größe zu leben. Alles, was du willst, ist bereits da. Du musst einfach nur eins damit werden. Fusioniere mit deinem Ziel. Akzeptiere zunächst, dass diese Idee deine ist und involviere dich emotional damit. Lebe auf dieser neuen Frequenz. Diszipliniere dich, auf dieser Frequenz zu denken, egal, was passiert! Werde diese Frequenz und warte ab, was passiert.

Wenn du deine Ziele noch nicht manifestiert hast, heißt das lediglich, dass du noch kein Bewusstsein darüber erlangt hast, wie du deine Ziele umsetzen kannst. Werde dir bewusst. Bewusstsein ist der Schlüssel zu allem.

Superpower Intuition

Deine Intuition ist eine absolute Superkraft beim Manifestieren. Intuition ist eine höhere Fähigkeit, die uns Menschen gegeben wurde. Du kannst sie trainieren, schärfen und selbstverständlich auch nutzen, um jederzeit die richtigen Entscheidungen zu treffen, den richtigen Weg zu wählen und klare Impulse aus der geistigen Welt zu empfangen.

Die Kunst der Frage

Die Intuition ist pure Kommunikation mit dem Universum. Eine wunderbare Möglichkeit, mit dem Universum zu kommunizieren ist, große, offene Fragen zu stellen. Wenn du in der Frage bist, bist du in der Haltung, die Antwort nicht zu wissen! Verliebe dich in diesen Raum. Verliebe dich in das Unbekannte. Dort ist die Magie zu Hause. Es mag sich zunächst ein wenig unbequem anfühlen, nicht sofort eine Antwort zu definieren und Schlussfolgerungen zu ziehen, sondern die Frage wirken zu lassen. Doch glaube mir, wenn du einmal damit beginnst, werden sich Räume in deinem Leben öffnen, die vorher einfach nicht da waren.

In meinem eigenen Leben hat „die Kunst der Frage“ einen entscheidenden Unterschied gemacht! Es macht einfach Spaß, mit den Fragen zu spielen und abzuwarten, wie das Universum darauf reagiert. Als sehr analytischer Mensch ist es mir am Anfang nicht leicht gefallen, sie nicht gleich selbst beantworten zu wollen, denn ich liebe die Analyse. Doch nach etwas zu fragen, ist das polare Gegenteil von Schlussfolgerungen und Analyse. Du benutzt einen anderen Teil deines Gehirns, als wenn du analysierst. Fragen sind wie Türöffner. Sie kreieren Möglichkeiten. Feststellungen kreieren Limitierung.

Wir sind so konditioniert, dass wir bei jeder Ungewissheit oder Herausforderung möglichst rasch eine Antwort generieren wollen. Der Raum zwischen der Frage und der Antwort ist wie ein schwarzes Loch, wo es eben noch nicht klar ist. Du fühlst dich vielleicht sogar verwirrt. Doch Verwirrung ist ein wunderbarer Zustand! Denn jetzt lernen wir. Es werden Synapsen im Gehirn neu verknüpft und das Universum kreiert uns Möglichkeiten, die wir analytisch gar nicht erfassen hätten können. Jede Frage beinhaltet eine Antwort. Übe dich darin, Fragen zu stellen und nicht sofort selber eine Antwort zu kreieren. Warte ab, welche Antworten dir das Universum liefert!

Ich stelle manchmal Fragen und vergesse sie sofort wieder. Einen Tag später begegnet mir ein Mensch, der mir die Antwort gibt, ohne dass ich diese Frage noch einmal gestellt hätte. Es ist magisch! Wenn du eine Frage gestellt hast, sei achtsam, was passiert. Achte auf die Zeichen und Synchronizitäten. Spüre wo deine Intuition dich hinlenkt, welche Ereignisse und Menschen in dein Leben gezogen werden. Vielleicht liest du etwas in einer Zeitung oder in einem Buch. Sei wach und achtsam, wie das Universum antwortet. Das Universum beantwortet jede Frage und jeden Wunsch – und das mehrfach! Es hört genau zu und antwortet in der Sprache der Energie und Synchronizitäten.

Gute offene Fragen sind zum Beispiel: Wie kann es noch leichter gehen? Wie kann ich meine Vision mit Leichtigkeit umsetzen? Warum gibt mir das Universum immer Rückendeckung? Warum bin ich so gut darin, Geld zu verdienen? Was ist sonst noch alles möglich?

Schlechte Fragen sind in etwa: Was ist falsch mit mir? Wieso passiert immer mir dieses Unglück?

Die Frage kreiert dir immer mehr von dem, wonach du fragst.

Wenn du den Eindruck hast, die Frage ist dir zu schwach, dann gibt es noch eine andere Technik: Fordere es ein. Fordere vom Universum, was du willst!

Wir dürfen fordern, wir sind magische Wesen. Probiere diese verschiedenen Möglichkeiten am besten spielerisch aus. Je spielerischer du an die Sache herangehst, desto besser!

Höhere Fähigkeiten

Die höheren Fähigkeiten unterscheiden uns als Menschen von anderen Lebewesen. Sie sind uns gegeben und wir können sie nutzen beim Manifestieren. Wir sind mit diesen großartigen Fähigkeiten ausgestattet, die wir stetig verbessern dürfen.

Unsere höheren Fähigkeiten sind: Wahrnehmung, Wille, Vorstellungskraft, Gedächtnis, Vernunft und Intuition.

Alle diese Fähigkeiten kannst du trainieren und nutzen beim Manifestieren. Jede Einzelne sollte gleich stark und stabil sein. Alle Fähigkeiten sind gleich wichtig! Du kannst auf ihnen spielen wie auf der Tastatur eines Klaviers. Du kannst lernen, sie nacheinander oder gleichzeitig abzurufen, je nachdem in welchem Kontext du dich gerade befindest.

Gedächtnis: Unser Gedächtnis ist perfekt. Alle unsere höheren Fähigkeiten sind perfekt. Sie müssen lediglich trainiert und gestärkt werden. Es gibt so viele wunderbare Tools, mit denen du dein Gedächtnis trainieren kannst. Ich zum Beispiel habe die Fähigkeit entwickelt, mir Details aus Aufstellungen oder Coachinggesprächen zu merken, selbst wenn sie 10 Jahre zurückliegen.

Vernunft: Die Vernunft ist genauso wichtig wie die Intuition. Du kannst einen Standpunkt dadurch einnehmen, den Überblick gewinnen und Dinge zu Ende denken. Du kannst dich strukturieren und differenzieren. Die Vernunft befähigt uns zum Denken. Diese induktive Fähigkeit der Vernunft befähigt uns, individuelle Gedanken zu bilden und diese zu Ideen zu formen. Es gibt Momente oder Herausforderungen im Leben, in denen du ganz klar und scharf analysieren solltest. Wo es darum geht, zu differenzieren und zu unterscheiden. Der analytische Teil unseres Gehirns, die Vernunft ist die induktive Fähigkeit, Ideen zu formen und Zusammenhänge zu erkennen. Stelle dir vor, du kannst sowohl glasklar intuitiv als auch brillant analytisch sein? Es ist nicht entweder oder, sondern du darfst beides einsetzen.

Vorstellungskraft: Der kreative Prozess umfasst drei Stufen: Fantasie, Theorie und Fakt. Alles wird zweimal erschaffen. Zuerst mit deiner Vorstellungskraft in deinem Geist. Das zweite Mal, wenn es sich in deiner materiellen Welt manifestiert. Es ist wichtig, dir bewusst zu machen, dass ohne die Hilfe deiner eigenen Vorstellungskraft nichts in deinem Leben erschaffen oder geschehen würde. Vorstellungskraft ist eine wunderbare und fabelhafte Kraft. Nutze jetzt deine Vorstellungskraft, um dir dein Traumleben im Detail vorzustellen. Stell es dir so genau wie möglich vor! Die Bilder sollen wie ein Magnet für dich sein, die dich jeden Tag erneut motivieren. Vorstellungskraft erschafft Fantasien und die Fantasie ist die erste Stufe der Schöpfung im Leben. Lass deiner Fantasie jetzt freien Lauf. Dies ist der Bereich deiner Fantasie und Imagination. Fantasie ist die erste Stufe der Schöpfung. Ohne deine Fantasie, deine visuelle, glasklare Imagination, würdest du nicht manifestieren können. Doch Imagination ohne Konzentration ist diffus und verpufft. Du brauchst deine Willenskraft und Konzentration, um bei einer Vision zu bleiben und dich nicht ablenken zu lassen.

Wille: Deine Willenskraft hängt mit deiner Konzentration zusammen. Konzentration ist wie ein Laserstrahl. Der Fokus der Aufmerksamkeit bleibt dabei auf einer Sache. Wir können es üben. Ich selbst habe immer wieder lange Schweige-Retreats in buddhistischer Meditation (Vipassana) gemacht, in denen wir lernten uns in dieser Praxis stunden- und tagelang auf den Atem oder Körperempfindungen zu konzentrieren. Glaube mir, nach 10 Tagen kommt man als neuer Mensch heraus! Die Fähigkeit über längere Zeit die Aufmerksamkeit auf eine Sache zu konzentrieren, ist erlernbar. Beim Manifestieren ist diese Fähigkeit sehr wichtig. Jede Idee, die du mit Konzentration und Glauben nährst, wird sich in der Form manifestieren. Es ist lediglich eine Frage der Zeit. Dein Wille befähigt dich, dich auf ein Bild in deinem Geist zu konzentrieren, ohne dich ablenken zu lassen. Und dies führt uns gleich zur Vorstellungskraft.

Wahrnehmung: Die Wahrnehmung ist eine Folge unseres Standpunktes oder der Betrachtung auf die Welt. Wenn wir etwas sehen, das uns veranlasst, zu denken, dass etwas nicht möglich ist, können wir unsere Wahrnehmung über die Situation verändern und nachdenken, wie es doch möglich ist! Dadurch ändern sich unsere Gedanken, unsere Emotionen und unsere Energie. Du kannst dir immer erlauben, einen neuen Standpunkt oder einfach eine andere Perspektive auf ein Thema einzunehmen. Probiere es aus. Eine bewährte Technik ist, den Standpunkt einer Person einzunehmen, die dir voraus ist, oder die du bewunderst. Frage dich Folgendes: Wie würde diese Person auf dieses Problem reagieren? Was würde diese Person, die du bewunderst, in dieser Situation tun? Und dann ändere deinen Standpunkt.

Intuition: Die Intuition ist deine Fähigkeit, mit der du Schwingungen, Energien und Gedanken aufnehmen kannst. Mithilfe deiner Intuition weißt du, was um dich herum vor sich geht. Intuition wird oft als der sechste Sinn bezeichnet, was aber eine Fehlbezeichnung ist. Sie ist keine Sinneswahrnehmung. Sie ist eine deiner höheren Fähigkeiten. Du kannst deine Intuition durch Meditation trainieren und indem du dich entspannst, eine Distanz zu deinen Gedanken bekommen und dich der Stimme des Herzens zuwenden.

Die Intuition ist verbunden mit deiner Seele und ist das Medium zwischen dir und der geistigen Ebene. Du weißt einfach intuitiv, wie sich die Menschen um dich herum fühlen oder was sie denken.

Intuition und Medialität

Deine Intuition ist eine Superpower beim Manifestieren. Jeder Mensch ist intuitiv und medial. Es ist nicht nur bestimmten Auserwählten vorbehalten. Es ist unser Geburtsrecht, diesen Kontakt zu fühlen und zu nutzen. Die Intuition ist wie eine Standleitung zum Feld der unbegrenzten Möglichkeiten. In diesem Feld ist unser höheres Selbst und unser geistiges Team zu Hause, die Aufgestiegenen Meister, Erzengel und Schutzengel. Aufgestiegene Meister sind wie ältere Brüder und Schwestern, die ein erwachtes Bewusstsein erreicht haben und uns den Weg leuchten. Sie dürfen uns helfen, wenn wir sie darum bitten. Jeder Mensch ist mit einem geistigen Team gekommen, dieses Team wird manchmal ausgewechselt oder ergänzt, je nachdem, welche Lektion du gerade zu lernen hast. Du kannst lernen, dich aktiv mit dieser Ebene, der geistigen Ebene über die Intuition zu verbinden. Und klare Botschaften und Signale zu empfangen.

Deine Intuition ist dein direkter Draht zur Seele und zur geistigen Welt. Sie unterstützt dich beim Manifestieren, weil sie dir mit absoluter Gewissheit glasklare Hinweise gibt. Es gibt ein Feld und dort ist die Seele zu Hause. Dort wohnt auch deine Intuition.

Das Problem ist, dass bei vielen Menschen der Kanal gedimmt ist mit Programmen und Konditionierungen. Diese Menschen haben ihren Kanal der Intuition vernachlässigt oder sogar gänzlich vergessen. Sie vertrauen ihrer Intuition nicht und leben weit entfernt von der eigenen Seelenfrequenz. Die Ursache dafür ist meistens Angst. Doch alles, was du vergessen oder vernachlässigt hast, ist immer noch da. Es wartet darauf, von dir wieder entdeckt zu werden. Du bist nicht allein.

Deine Medialität und Intuition sind wie Muskeln, die du trainieren kannst. Die Meditationen und Übungen aus dem **Soul Creation®** Online-Kurs helfen dir dabei, deine Intuition zu verfeinern. Mit dem Gutscheincode **soul** bekommst du auf dieser Seite den Vorzugspreis:

www.lisawallner.com/soulcreation

Die Channeler-Bewusstseinsebene ist eine der 4 Bewusstseinsstufen, über die ich im Soul Creation® Online-Kurs spreche. In diesem Bewusstsein bist du im Flow und das Universum drückt sich **durch** dich aus. Du gibst die Kontrolle ab und bist Teil von etwas Größerem. Du kannst lernen, mehr und mehr zu vertrauen und du kannst deine Beziehung zur geistigen Ebene pflegen, wie du eine Beziehung zu einem Freund oder einer Freundin pflegst. Immer wieder werde ich gefragt, ob ich meine eigene mediale Gabe von Geburt an hatte oder sie mir angeeignet habe. Ich denke, ich hatte sie schon immer, aber ich habe sie auch mein Leben lang trainiert und verfeinert. Den längsten Teil meines Lebens habe ich selber gezögert, diese Fähigkeit als Begabung zu bezeichnen, da es für mich persönlich einfach selbstverständlich und normal ist, über eine erweiterte Wahrnehmung, Hochempathie und Hochsensibilität zu verfügen. Heute bin ich mir aber darüber bewusst, dass diese Begabung ein Geschenk ist. Jedes Talent ist ein Geschenk! Erinnere dich immer daran, dass du dieses Geschenk nicht nur für dich selbst, sondern auch für viele anderen Menschen bekommen hast.

Um deine Intuition und Medialität zu trainieren, darfst du Yin-Qualitäten, wie Hingabe, Geduld und das Loslassen deiner Kontrolle üben. Die Öffnung des Kanals ist ein Geschenk, es ist letztendlich eine Initiation in ein höheres Bewusstsein. Und du wirst immer feinere, tiefere und exaktere Ebenen der Wahrnehmung erreichen, wenn du es jeden Tag übst.

Hauptblockaden

Ich habe in den letzten Jahren Dutzende Menschen in Medialität ausgebildet und dabei sind mir einige Hauptblockaden aufgefallen.

Diese Hauptblockaden sind:

Manche Menschen denken, sie sind gar nicht intuitiv. Doch jeder Mensch ist intuitiv. Wir sind intuitive Wesen und jeder Mensch kann die Intuition nutzen und trainieren. Es gibt verschiedene Sinneskanäle, die wir aktivieren und trainieren können. Die drei wichtigsten sind: visuell, auditiv und kinästhetisch. Die Wahrnehmungskompetenz lässt sich trainieren. Meditation hilft dabei enorm! Wenn dein Kanal offen und durchlässig ist, kannst du über alle Sinneskanäle klare Informationen empfangen.

Der Verstand rattert und rattert und ist so laut, dass die Stimme der Intuition überhört wird. Lass den Verstand in den Hintergrund treten. Er ist ein wichtiges Werkzeug, aber nicht bei allen Fragen. Die Intuition ist eine feinere und breiter aufgespannte Ebene als der Verstand und es ist nicht alles mit dem Verstand erklärbar.

Die Stimme der Intuition ist zwar wahrnehmbar, aber die Zweifel sind lauter. Bei dieser Thematik hörst oder fühlst du die Stimme der

Intuition zwar bereits, doch du vertraust ihr nicht. Die Stimme der Intuition ist immer leise und sanft. Sie fühlt sich hell und liebevoll an. Vertraue diesen liebevollen, lichten Impulsen, sie können dich unmöglich in die Irre führen.

Eine weitere Blockade, die ich beobachtet habe, ist fehlende Entspannung. Entspanne dich einfach und nimm wahr, was da ist. Richte deine Aufmerksamkeit auf das Offensichtliche. Suche nicht nach etwas Bestimmten, sondern lass es auftauchen. Der Kanal öffnet sich durch deine Hingabe, dein Loslassen, deine Geduld und deine Übung. Wahrnehmung ist etwas sehr Neutrales und nicht Forciertes. Du lässt einfach das auftauchen, was sich zeigen möchte.

Diese Blockaden sind per se nicht schlecht, sie sind meist gekoppelt an ein Paradigma und Glaubenssystem und eine bestimmte Bewusstseinsstufe, die wir transformieren dürfen. Hinter jeder Blockade liegt ein Potenzial oder eine Lernaufgabe.

Spirituelles Wachstum ist kein Sport, sondern ein Weg. Unsere Anbindung und Wahrnehmungskompetenz sind die Geschenke entlang dieses Weges. Du empfängst diese Geschenke durch Hingabe, Annehmen und Loslassen. Das sind zutiefst weibliche Qualitäten. Diese zu entwickeln ist eine Aufgabe für alle Menschen, egal ob du in einen weiblichen oder männlichen Körper geboren wurdest.

Über die Intuition kannst du lernen, dich mit dem Feld zu verbinden.

Das Feld an unbegrenztem Potenzial und Möglichkeiten, das Energiemeer, das Quantenfeld, ist das Feld, in dem deine Seele zu Hause ist! In Wahrheit bist du dieses Feld. Es ist nicht außerhalb von dir. Es ist lediglich eine andere Dimension, ein anderes Bewusstsein. Dein wahres Selbst ist dort zu Hause. Dort, wo die Ewigkeit und die Zeitlosigkeit zu Hause sind. Du kannst es auch Gott, Quelle oder Universum nennen. Dieses Feld will sich durch dich ausdehnen und wirken.

Je höher du die Leiter des Bewusstseins hinaufsteigst, desto mehr operierst du immer in Verbindung mit diesem Feld, mit deiner Seele, deinem wahren Selbst.

Die Zeiträume, in denen du die Verbindung halten kannst, werden länger und länger. Wenn du mal „rausfällst", erinnerst du dich wieder sehr schnell daran. Es ist im Grunde genommen dein natürlicher Seins-Zustand geworden. Du wirst geführt und agierst aus der Inspiration heraus. Der Geist bewegt dich und du wirst zum Medium. Die Energie operiert durch dich. Du lebst im Einklang mit einer höheren Ordnung. Du strahlst Liebe, Licht und Harmonie aus.

Je höher dein Bewusstsein und deine Schwingung sind, desto weniger versuchst du Dinge aus eigener Kraft geschehen zu lassen, sondern du heißt sie willkommen. Du wirst geatmet von der Unendlichkeit.

Du befindest dich im Flow-Zustand, in der „Zone", wo etwas Höheres die Kontrolle übernimmt. Du erlebst die Welt als magisch und aufregend. Du bist energetisiert und empfängst glasklare Hinweise deiner Intuition. Du bist in deiner Seelenfrequenz und lebst deine innerste Wahrheit.

Die Sprache des Universums

Synchronizitäten

Synchronizitäten sind die Sprache des Universums. Sie sind ein Weg, wie das Göttliche mit uns kommuniziert und uns liebevoll zeigt, dass wir nicht alleine sind. Synchronizitäten sind Geschenke des Himmels und kommen oft unverhofft. Wir können aber nachhelfen und ihnen einen kleinen Schubs geben. Wir können sie sozusagen manifestieren.

Synchronizitäten sind wie die Wellen im Universum. Sie sind ein Spiegel der Göttlichkeit. Im Flow-Zustand bist du verbunden mit der Magie des Universums und das Universum spricht zu dir in der Sprache der Synchronizitäten. Synchronizitäten sind glückliche Fügungen. Bekanntlich gibt es ja keine Zufälle im Universum, sondern alles basiert auf Gesetzmäßigkeiten. Auf Ursache und Wirkung, dem Gesetz der Gesetze. Alles, was du aussendest, kehrt zu dir zurück. Manifestieren ist letztendlich nichts anderes, als dich mit dem erwünschten Ergebnis zu synchronisieren. Alles, was du manifestieren möchtest, ist bereits da. Du erschaffst es nicht, sondern du aktualisierst ein Potenzial, das bereits da ist. Du ziehst es in dein Leben, indem du dich damit synchronisierst.

Das Universum beantwortet jede Frage, doch manchmal in einer anderen Art und Weise, wie unser Ego es sich vorstellt. Das Ego ist so verbohrt, dass es alles zu seinen Bedingungen möchte. Sogar die Liebe. Doch das Universum ist unendlich kreativ und intelligent. Es ist voller Lösungen und Wunder, die noch viel großartiger sind als alles, was du bis jetzt erlebt hast! Sag dem Universum: „So, oder noch besser!" Und vertraue, dass es gemäß einer höheren Ordnung zum perfekten Zeitpunkt zu dir kommt.

Es macht Spaß, mit Synchronizitäten zu spielen und sie zu kreieren. Doch wie kannst du sie kreieren und dich in ihren Flow „eintunen“? Stell es dir vor wie surfen. Wenn du surfst und mit dem Strom der Wellen fließt, dann bist du verbunden mit diesem Meer an Wellen. Es braucht ein erhöhtes Bewusstsein und eine Grundhaltung der Entspannung und Gelassenheit dazu, um es wirklich zu genießen. Du gibst dich dem Feld, einem größeren Geist hin und vertraust, dass es für dich zum perfekten Zeitpunkt ein stimmiges Ergebnis gibt. Und vor allem: Du hast Spaß entlang des Weges!

So manifestierst du nicht mit deiner eigenen Energie, sondern mit der Energie des Universums. Du lässt dich führen. Denn was du suchst, sucht eigentlich dich. Vertraue, dass das Universum für dich arbeitet.

Das polare Gegenteil von Loslassen ist Anhaftung. Immer wenn du etwas unbedingt willst, und vor allem zu deinen Bedingungen, vielleicht sogar gegen den Willen von jemand anderen, befindest du dich in der Anhaftung des Egos.

Ein Beispiel: Du wurdest verlassen. Dein Partner hat dich verlassen und du kannst nicht loslassen. Jetzt versuchst du mit aller Kraft diesen Partner zurück zu manifestieren und akzeptierst nicht seinen freien Willen. Das ist pures Ego. Wenn du loslässt, bist du frei. Du lässt los und bist offen für eine noch viel größere Liebe.

Gib in das GPS des Universums ein, was du möchtest, aber nicht zu welchen Bedingungen. Stelle die Frage: Wie kann es möglich sein für mich? Achte dann auf die Synchronizitäten, auf die Hinweise, auf die Fügungen. Das Universum ist pure Magie. Und es spricht zu dir.

Das Geheimnis der Frequenzen und Energie

Wie schon erwähnt: Das ganze Universum ist ein Energiemeer. Es ist ein unfassbar großes Meer aus Energie und Potenzial und es kommuniziert mit dir auf der Grundlage der Frequenzen und Energie. Der Schlüssel zum Erfolg liegt deshalb in deiner Energie und deiner Fähigkeit, sie zu kontrollieren, dir ihrer bewusst zu sein und sie zu lenken.

Der emotionale Teil des Geistes, unser Unterbewusstsein, kontrolliert unsere Energie. Er kontrolliert die Frequenz, in der wir sind und bestimmt, was wir in unser Leben ziehen. Unser Unterbewusstsein lenkt uns gewissermaßen in die Umgebung, in der die Energie ähnlich ist wie unsere eigene. Die Menschen, mit denen wir in Kontakt kommen, die Menschen und Ereignisse, die uns begegnen, schwingen auf der gleichen oder einer ähnlichen Wellenlänge.

Eine Frequenz ist ein bestimmtes „Level an Vibration". Alles im Universum operiert auf einer bestimmten Frequenz. Es gibt eine unendliche Anzahl an Frequenzen. Jede Frequenz ist zu einer Frequenz verbunden, die oberhalb und unterhalb liegt. Um dich zu einer höheren Frequenz zu bewegen, musst du ihr erst zustimmen und dich dann den Gefühlen und Ideen adaptieren, die diese neue Frequenz adaptiert. Wenn du dich in diese Richtung bewegst, wird im Normalfall dein altes Paradigma rebellieren. Es will überleben. Du kannst es einfach ersetzen mit einem neuen Paradigma. Mit einer neuen Frequenz.

Wahrscheinlich hast du schon einmal einen intensiven Transformationsprozess durchlaufen und dein Bewusstsein und deine Frequenz haben sich dadurch radikal verändert. Vielleicht war ein Effekt dieser Transformation auch ein Wandel deines sozialen Umfeldes. Ich habe es schon mehrfach erlebt. Manche Menschen sind regelrecht aus meinem Leben verschwunden und andere, mit denen ich mehr in Resonanz war, sind plötzlich aufgetaucht. Es ist einfach das Gesetz der Resonanz, das wirkt. Energie zieht gleiche Energie an.

Wenn du deine Energie veränderst, verändert sich deine Realität.

Du findest normalerweise keine wohlhabenden Menschen, die ihre Zeit mit Menschen verbringen, die noch stark im Mangelbewusstsein verhaftet sind. Genauso wenig wirst du sportliche, gesundheitsbewusste Menschen in Bars antreffen, wo geraucht und getrunken wird. Es „matcht“ einfach nicht. Menschen sind angezogen von Menschen, die in der gleichen Energie sind oder auf der gleichen Wellenlänge schwingen. Mit wem möchtest du lieber spielen? Mit jenen Menschen, die in Widerstand zu deiner Veränderung sind und versuchen, dich zurückzuhalten oder mit jenen, die dich inspirieren und inspiriert sind von deiner Veränderung?

Um deine Frequenz nachhaltig zu verändern, darfst du dein Bewusstsein verändern. Und um dein Bewusstsein zu verändern, darfst du dich auf einer tiefen Ebene mit deinen Paradigmen auseinandersetzen. Anders gesagt: Um deine Zukunft zu gestalten, musst du gewillt sein, deine Paradigmen zu verändern!

Du bist nicht Opfer deiner Paradigmen, sondern du hast es in der Hand, dir Neue zu kreieren.

Alles, was du willst, hat eine eigene Frequenz. Dein Traum hat eine eigene Frequenz. Und du kannst ihn manifestieren, indem du dich auf diese Frequenz begibst.

Zeitfenster und Timing

Alles im Universum unterliegt Gesetzmäßigkeiten. Ich empfehle dir dazu das Buch: „Working with the Law“ von Raymond Holliwell.

Das Gesetz des Rhythmus ist eines dieser Gesetze. Ich beschreibe es immer wieder gerne mit folgender Metapher: Denke an das Meer, an die ewigen Gezeiten, Ebbe und Flut. Diese Rhythmen waren von Anbeginn der Zeit da und werden es auch bis zum Ende der Zeit sein. Wenn du in einem weiblichen Körper inkarniert bist, bist du natürlicherweise über den Monatszyklus mit diesen Rhythmen verbunden. Doch egal ob Mann oder Frau, diese Zyklen sind da und wir können uns dafür sensibilisieren. Es ist Yin und Yang, es sind Zeitfenster im Kosmos und in unserem Leben, die sich im Rhythmus öffnen und wieder schließen.

Du kannst die Zeit an sich auch als Spirale betrachten. Alles kehrt auf dieser kosmischen Spirale irgendwann zurück. Es ist ein Perpetuum mobile, das sich nie aufhört zu drehen. Insofern kannst du auch nichts verpassen im Leben. Entspanne dich und beobachte die Wellen der Veränderung und die Zyklen. Manchmal gibt es Phasen im Leben, in denen es darum geht abzuwarten. Du kannst das Ganze auch astrologisch betrachten, doch das würde hier zu weit führen. Wenn du in einer Yin-Phase bist und gerade nicht vorwärtskommst, dann fließe mit dieser Energie des Universums mit. Es geht um die Pause, um die Integration und die Ruhe. Schöpfe Kraft und richte dich neu aus.

Wenn jedoch die nächste Yang-Welle kommt und dich mitnehmen möchte, dann zögere nicht, sondern gehe voller Kraft und Mut in die Aktion. Jetzt geht es darum, aus ganzem Herzen zu handeln, nicht zu zögern, dich wirklich einzusetzen für das, was du willst.

In meinen Seminaren und Coachings arbeite ich mit dem kinesiologischen Muskeltest und es gibt eine simple Technik, diesen Körpertest im Alltag anzuwenden: die Technik der grünen oder roten Ampel. In deinem Körper steckt unendliche Weisheit. Dein Körper ist direkt mit deinem Unterbewusstsein verbunden. Wenn du in einem wichtigen Gespräch mit einem Menschen bist, der nicht kongruent ist, dann beobachte genau die Körpersprache. Sie wird dir immer die tiefere Wahrheit offenbaren.

Du kannst die Weisheit deines Körpers nutzen, indem du ihn fragst: Was soll ich tun? Beobachte, ob er leicht (manchmal auch sehr stark) nach vorne oder nach hinten gezogen wird. Wenn du dich nach vorne neigst, bedeutet das in 99 % aller Fälle ein Ja oder eine grüne Türe. Die Entscheidung ist richtig. Wenn dein Körper nach hinten gezogen wird, dann ist es ein Nein oder eine rote Türe. Ich würde dir empfehlen, darauf zu hören, egal ob es große oder kleine Entscheidungen sind.

Es gibt verschiedene Möglichkeiten, diesen kinesiologischen Test anzuwenden und ich persönliche vertraue zu 100 % darauf in meiner Coachingtätigkeit und bei den FoCos® Aufstellungen. Es handelt sich dabei um eine hoch effektive, moderne und sehr lösungsorientierte Aufstellungsmethode. Damit ist es möglich, mit Leichtigkeit Klarheit über unsere tief sitzenden Paradigmen zu bekommen.

Nicht zuletzt ist es eine wunderbare Möglichkeit, uralte Traumata aufzuarbeiten und Kraft in Zeiten der Krise zu schöpfen.

Trauma und Krise

Beim Manifestieren aus der Seelenfrequenz geht es um ein tiefes, tiefes Loslassen und um die Hingabe an das, was ist. An die unendliche Weisheit, die unendliche Liebe und Intelligenz des Universums.

Wir haben bereits über die 4 Bewusstseinsstufen und Haltungen beim Manifestieren gesprochen und bei diesen uns so tief bewegenden Themen wie Trauma und Krise ist es wichtig, sie wieder ins Gedächtnis zu rufen.

Egal was uns passiert, kollektiv oder individuell, wir haben immer die Wahl, uns als Opfer zu fühlen oder das Geschenk und das Potenzial einer Herausforderung wahrzunehmen. Denke stets so, dass sich neue Möglichkeiten eröffnen und du liebevoll mit dir selbst und anderen bist.

Bewertungen haben ausgedient. Der Ursprung der Bewertung ist Dualität und sie schließen die Türen zur Magie. Sie dienen uns nicht. Es ist lediglich eine alte Routine zu bewerten. Mitgefühl ist die Antwort.

Krisen und traumatische Erfahrungen können uns brechen, sie können aber auch eine Kraft und Weisheit in uns hervorbringen, die wir vorher nicht für möglich gehalten haben. Aus jeder Krise kann signifikantes Wachstum entstehen. In anderen Worten: Jedes große Unglück birgt auch ein großes Potenzial, eine Chance, in sich. Das Polaritätsgesetz sorgt für den Ausgleich. Denke daran auch bei globalen Krisen und Fragen, die uns herausfordern. Resiliente Menschen antworten weise auf Krisen und stellen gute Fragen: Wozu fordert mich diese Situation heraus? Wie kann dieses Unglück Gutes in meinem und im Leben anderer Menschen hervorbringen? Welcher Mensch möchte ich einmal gewesen sein?

Krisen passieren uns nicht, sie passieren **für** uns. Sie haben einen Sinn. Oftmals erkennen wir ihn erst im Nachhinein und ich denke, dass es vor allem hier wichtig ist, im Mitgefühl und der Achtsamkeit mit sich selbst zu sein. Bewusstsein ohne Mitgefühl ist nicht heilsam. Das Bewusstsein, die Ursache deiner persönlichen Realität zu sein, kann unter Umständen zu einem scharfen Messer werden, mit dem du nicht nur dich selbst, sondern auch andere verletzt, wenn es ohne Mitgefühl und Herz angewendet wird. Aus diesem Grund ist es mir persönlich auch sehr wichtig, dir zunächst mein aufrichtiges Mitgefühl auszusprechen, solltest du gerade eine persönliche Krise oder traumatische Erfahrung durchmachen. Ich weiß aus eigener Erfahrung, wie dramatisch, schmerzhaft und ausweglos sich diese Situationen anfühlen können.

Ich möchte dir aber auch Mut machen, dir einerseits Hilfe und professionelle Unterstützung zu suchen und, wenn du dich bereit fühlst, dich auf die Suche nach dem Schatz zu machen, der in dieser Erfahrung verborgen liegt. Es gibt ihn, da bin ich mir ganz sicher. Du bist ein göttliches Wesen und verfügst über eine tief in dir angelegte Resilienz und Weisheit.

Erinnere dich bitte gerade in diesen Momenten, die so ausweglos erscheinen, daran: Alles, was geschieht, geschieht nicht nur für dich. Es gibt eine überpersönliche, eine kollektive Ebene. Und alles, was du in dir selbst heilst, jeder Gedanke der Vergebung, der Einsicht, der Liebe und der Erkenntnis ist eine Spur des Lichtes im Universum, die anderen Menschen den Weg leuchten kann. Manchmal sind es viele Menschen, manchmal ist es nur ein Einziger. Doch der eine Mensch zählt genauso viel wie Tausende.

Du bist nicht allein mit deinem Schmerz. Wir sind verbunden in unserer Freude und wir sind verbunden in unserem Schmerz. Eine zutiefst schmerzhafte Erfahrung oder Enttäuschung kann wie eine

Läuterung sein. Sie öffnet dein Herz, wenn du es zulässt. Sie kann dich aber auch verschließen und brechen. Es ist unsere Wahl, wie wir reagieren. Ein Trauma kann zu einem Portal des Lichtes in dir werden, zu tief verinnerlichter Weisheit. Ich erlebe es immer und immer wieder in der Arbeit mit Menschen und bin jedes Mal sprachlos und zutiefst berührt von diesen Momenten, wenn sich ein uralter Schmerz in eine gegenwärtige Liebe verwandelt. Durch die Kraft der Transformation, durch Wunder, durch die Liebe.

Wenn der Schmerz zu groß ist, wenn du nicht loslassen kannst und der Wunsch, verstehen zu können, dir schlaflose Nächte bereitet, wenn du auf den Knien bist, dann wende dich an eine höhere Macht. Es ist egal, wie du sie nennst. Bitte um Heilung. Bitte um die Kraft der Vergebung. Bitte, denn das Gebet ist das Medium der Wunder.

Für jedes Problem, für jedes Trauma, für jeden Schmerz, gibt es nicht nur ein Wunder, nein, es gibt viele Wunder! Weil das Universum Fülle und überschäumende Liebe ist. Du bist diese Liebe und manchmal dient eine traumatische Erfahrung dazu, dich so sehr in die Knie zu zwingen, dass dein Ego kapituliert, du aufgibst. Und in diesem Aufgeben, wieder geboren wirst. In deiner würdevollen Annahme der Situation. Das ist die Magie des Wunders.

Ursache und Wirkung

Das Gesetz von Ursache und Wirkung ist das Gesetz der Gesetze. Marianne Williamson schreibt im „Gesetz des göttlichen Ausgleichs“: *„Das Gesetz von Ursache und Wirkung ist das Fundament des Universums. Jede Wirkung hat ihre Ursache, ebenso wie jede Ursache ihre Wirkung hat. Und der Anfang jeder Ursache ist das Denken.“*

Der Weg des Erwachens, der letztendlich ein Weg zurück zu dir selbst ist, ist ein Weg der Eigenverantwortung. Eigenverantwortung ist das polare Gegenteil von Opferdenken. Du kannst dich unmöglich als Opfer fühlen, wenn du dich selbst als Ursache deiner Erfahrungen anerkennst. Manchmal haben wir vor langer Zeit Ursachen gesetzt (und damit meine ich ursächliches Verhalten wie Denken, Fühlen oder Handeln) und erleben jetzt die Wirkung davon. Wir können diese Ursache-Wirkung-Zusammenhänge oft nicht zuordnen und fallen deshalb in die Falle des Opferdenkens. Doch sei dir gewiss: Nichts geschieht ohne Grund.

Wir haben alle unsere Lernaufgaben, karmische Themen und karmische Seelengefährten bzw. Lernpartner, die uns helfen zu wachsen. Gerade die Menschen, die uns nahe sind, sind oft diejenigen, die uns am meisten herausfordern und verletzen können. Im Opferbewusstsein hast du den Eindruck, dass dir alles passiert, ohne Grund und gegen deinen Willen. Du gibst die Verantwortung ab. An Gott, an das Universum und an deine Mitmenschen. Die anderen sind schuld und meistens wird viel Energie aufgewendet, Vorwürfe zu rechtfertigen, Schuldgefühle zu erzeugen und im Selbstmitleid zu versinken.

Wenn du dieses Buch liest, bist du höchstwahrscheinlich bereits auf einer anderen Bewusstseinsstufe. Es kann jedoch sein, dass dich eine Situation in einem bestimmten Lebensbereich so sehr triggert, dass du kurzfristig in diese Opfermentalität zurückfällst. Das ist völlig menschlich und legitim. Die Frage ist nur, wie lange du darin unbewusst verweilst und wie du damit umgehst. Ich persönlich liebe undogmatische und authentische Spiritualität. Versuche nie etwas zu sein, was du nicht bist. Das Universum und letztendlich auch deine Mitmenschen reagieren auf das, was du wirklich fühlst und bist. Sei echt! Wenn du wütend bist und den Eindruck hast, von anderen Menschen oder vom Universum (Anmerkung: Die anderen Menschen sind Teil deines Universums) nachteilig oder unfair behandelt worden zu sein, dann fühle diese Gefühle und untersuche sie. Welche jüngeren Anteile sind in dir aktiviert worden (dein inneres Kind zum Beispiel) und woran erinnert dich diese Situation? Gehe in Kon-

takt damit und integriere sie. Am besten mit einem kompetenten Coach an deiner Seite, denn diese Dynamik in unserer Innenwelt ist hoch komplex.
Das Geschenk deiner Innenschau ist immer eine neue Sichtweise, die dir mehr Möglichkeiten gibt. Die neue Sichtweise, die nicht mehr dem Opferbewusstsein entspringt, stellt sich automatisch ein, wenn die Transformation stattgefunden hat. Es ist plötzlich selbstverständlich, dass du die Ursache deiner persönlichen Realität bist und du siehst wieder deine Gestaltungsmöglichkeit, den Raum, wo du wählen kannst. Du erkennst das Geschenk in der Erfahrung und hast auch einen Blick auf deinen Anteil in der Dynamik. Das ist Freiheit und Selbstermächtigung. Je geübter du darin bist, desto schneller gelingt es dir, die andere Seite der Medaille zu sehen. Und wenn du sie nicht sehen kannst, gehst du zumindest davon aus, dass sie da ist! Du definierst nicht, was der Sinn dieses Ereignisses ist, sondern wartest ab, dass er sich offenbart.

Du hast dir abgewöhnt, dich oder andere Menschen zu bewerten, es gelingt dir nicht mehr zu bewerten. Es ist ein altes Bewusstsein, das nicht mit der Bewusstseinsebene „matcht", in der du gerade bist. Du bist dir dessen bewusst, dass jeder Gedanke, jedes Wort und jede Tat, die von dir ausgeht, eine Ursache ist und Auswirkungen und Effekte in deinem und im Leben anderer Menschen haben. Und du entscheidest dich dafür, immer Ursache für Gutes zu sein. Meist sehen wir die Effekte nicht unmittelbar, doch sie sind da. Egal, was dir gerade passiert, du antwortest mit Liebe. Eine gute Frage ist: Was würde die Liebe jetzt tun? Was würde Mitgefühl tun?

Erinnere dich an diese Fragen in Konfliktsituationen mit Menschen, die dich vielleicht sogar zur Rage bringen. Es ist so leicht, ins Opferbewusstsein hineingezogen zu werden. Angenommen, jemand behandelt dich schlecht und du fühlst dich unfair behandelt. Du könntest dich rächen und Gleiches mit Gleichem vergelten. Doch was wäre, wenn du aus dieser Dynamik einfach aussteigst? Das bedeutet nicht, dass du alles gut heißt. Es bedeutet nur, dass du erkennst, dass du immer die Ursache bist. Alles, was du tust und denkst, kehrt zu dir zurück. Handle aus einer liebevollen und, wenn das nicht möglich ist, einer zumindest neutralen Haltung. Bleibe im Mitgefühl und dehne Segen aus. Das Universum wird sich um den Rest kümmern. Das Gesetz des Karmas wirkt in beide Richtungen. Deine Gedanken kehren zu dir zurück. Wenn du vergibst, befreist du dich selbst. Wenn du Groll und negative Gedanken nicht loslässt, dann schadest du dir selbst und senkst deine eigene Frequenz. Fokussiere dich auf deine Ziele und auf das, was du wirklich willst. Bleibe in der Liebe.

Stell dir eine Welt vor, in der alle Menschen in dieser Haltung leben? Die endlosen Opfer-Täterketten, geprägt von Schuld und Vergeltung, würden unterbrochen werden. Menschen lebten im Mitgefühl und Selbstverantwortung. Kriege wären zu Ende. Diese Welt gibt es. Sie ist bereits da. Alles, was wir uns vorstellen können, ist da. Wir dürfen sie miteinander manifestieren, indem wir uns daran erinnern, dass wir Ursache sind.

Liebe oder Angst

Es gibt nur Liebe oder Angst.

Liebe und Angst sind polare Gegenteile. Angst ist letztendlich eine Illusion und Liebe heilt die Angst. Die Liebe macht die Angst obsolet. Der schnellste Weg der Heilung ist immer, dich mit der Liebe zu identifizieren. Die Liebe zu wählen und sie zu sein. Wenn du im Opferbewusstsein bist, bist du automatisch in der Angst. Du erlebst dich als getrennt von allem und allen anderen.

Wenn du im reinen Bewusstsein bist, dann weißt du, dass du EINS bist mit allem, was es gibt. Du erkennst dich als Ursache und dass deine eigene Liebe dich befreit. Deine Vergebung befreit schlussendlich dich selbst. Denke an die Menschen, die dir wehgetan haben. Denke an die Ereignisse im Leben, die dich in die Knie gezwungen

haben und wähle die Liebe. Die Liebe ist die größte heilende Kraft, die es gibt.
Die reine Liebe ist kosmische Liebe. Und die gibt es im Überfluss! Das Universum ist aus diesem Stoff gemacht. Wir sind daraus gemacht. Und die Reise des Erwachens ist eine Reise zurück zu dir selbst. Zum Gewahrsein, wer du wirklich bist und woraus du gemacht bist. Du bist dieses Feld an Liebe und Wahrheit. Du bist Teil der Quelle. Dieser Anteil in dir ist unveränderlich. Er ist ewig und immer da. Er unterstützt dich, egal in welcher Situation du gerade bist.

Freude oder Schmerz

Es gibt zwei Möglichkeiten zu lernen: über Freude oder Schmerz.

Kommen wir zurück zum Universum. Ein Parameter des Universums ist, dass es sich ausdehnt. Und zwar durch alles und durch dich. Es ist eine Grundbedingung des Universums, dass es sich ausdehnt. Jetzt gibt es zwei Möglichkeiten: Du kannst dich, wie bereits erwähnt, proaktiv verhalten und dir selbst Umstände im Leben erschaffen, die aktiv Wachstum triggern, oder du kannst dich resistent verhalten und dich diesem natürlichen Wachstum widersetzen. Was früher oder später zur Folge hat, dass das Universum dir Umstände kreiert, die dich zum Wachstum zwingen. Wenn du dich über längere Zeit gegen dieses Wachstum wehrst, kann es durchaus sein, dass eine Krise entsteht, die sich sehr dramatisch anfühlt, denn durch die Krise bist du definitiv gezwungen, dich zu verändern.

Bei allen Krisen, persönlich oder global, frage dich immer: Was habe ich über längere Zeit übersehen oder nicht beachtet? Wo war der blinde Fleck? Wo ist das Geschenk enthalten? Die schlechteste Frage, die du dir in solchen Momenten stellen kannst, ist: Was habe ich falsch gemacht? Vielleicht sogar: Was ist mit mir falsch? Diese Fragen führen ins Verderben.

Eine Frage öffnet eine Türe in ein neues Universum wie ein Portal. Welches Universum möchtest du wählen und welche Frage führt dich dorthin? Wir haben den freien Willen und wir können wählen. Wir können nicht alles verändern, doch wir können wählen, wie wir unsere Erfahrungen interpretieren und somit erleben. Unsere Wahrnehmung ist subjektiv, sie hat nichts mit einer objektiven Realität zu tun. Es sei dahingestellt, ob es eine objektive Realität gibt. Jedes Mal, wenn du ein Problem hast, stelle dir folgende Fragen und nimm eine neugierige Haltung ein: Wie kann ich das anders sehen? Was wäre die höchstmögliche Betrachtungsweise und Interpretation dieser Situation? Was ist jetzt möglich? Wie kann ich das Beste herausholen? Was wäre, wenn es eine viel größere und schönere Betrachtung gäbe?

Wie zu Beginn dieses Buches beschrieben: Deine Seelenaufgabe hängt mit deinem Licht zusammen, mit deiner energetischen Signatur, deinem Wesenskern. Je näher du deinem Wesenskern kommst, desto kraftvoller kannst du manifestieren und desto glücklicher bist du im Leben. Deine Seelenaufgabe zu leben macht dich einfach glücklich! Wenn du dich jedoch von dir selbst entfernst, wenn du versuchst, etwas anderes zu sein als du bist, wird deine Seele versuchen, dich zu erinnern. Sie wird anklopfen und sie wird sich vielleicht sogar in Form von einer Krise oder Krankheit zeigen, dass du dich von ihr entfernt hast. Sie wird nicht aufhören anzuklopfen in deinem Leben, bis du sie hörst. Du kannst wählen, auf sanfte Art und Weise zu lernen oder du wartest und verzögerst und kreierst dir unendlich schwierige Situationen, durch die du lernen musst. Du hast die Wahl.

Sinn und Sinnsuche

Die Frage nach dem Sinn ist bestimmt eine der ältesten der Menschheit. Ich persönlich denke, dass Sinn ein zutiefst subjektives, intrinsisches (aus dir selbst heraus entstehendes) Gefühl ist. Was für manche Menschen sinnvoll erscheint, mag für dich selbst nicht sinnvoll oder vielleicht sogar komplett sinnlos erscheinen. Wir sind so unterschiedlich und es geht nie um den Vergleich. Wir sind einzigartig, sodass wir uns gar nicht vergleichen müssen. Jeder Einzelne ist wunderschön und ein eigenes Universum.

Im Englischen bedeutet das Wort „meaning“ sowohl „Sinn“ als auch „Bedeutung“. Die ersten beiden Lektionen des Arbeitsbuches von „Ein Kurs in Wundern“ lauten im Englischen:

1. *„Nothing I see means anything.“*

2. *„I have given everything I see all the meaning that it has for me.“*

Übersetzt ins Deutsche heißt das:

1. *„Nichts, was ich sehe, bedeutet etwas.“*

2. *„Ich habe allem die gesamte Bedeutung gegeben, die es für mich hat.“*

Diese beiden Prämissen beinhalten zwei Seiten einer Medaille: Einerseits impliziert es, dass wir mit einer grundlegenden Bedeutungslosigkeit oder Sinnlosigkeit konfrontiert sind, und andererseits heißt es aber auch, dass wir selbst allem die gesamte Bedeutung geben und damit Sinn verleihen. Wir haben es wieder einmal in der Hand. Durch die Interpretation, die Wahrnehmung, die Vernunft und die Perspektive, die daraus entsteht, haben wir die Möglichkeit, den Sinn nicht nur zu erkennen, sondern ihn zu stiften.

Wir geben unseren Erfahrungen und unserem Leben Sinn. Wir haben die Freiheit, den Sinn unseres Lebens zu definieren. Und zwar immer wieder neu. Denn wir werden uns immer wieder im Leben diese Sinnfragen stellen müssen. Wir werden den Sinn neu definieren und uns dahingehend ausrichten müssen. Hilfreich dabei sind die höheren Fähigkeiten wie die Vernunft und Wahrnehmung. Wir sind als menschliche Wesen mit höheren Fähigkeiten ausgestattet, die ich schon beschrieben habe. Vernunft und Wahrnehmung sind zwei dieser höheren Fähigkeiten und das Empfinden von Sinn hängt unter anderem mit diesen beiden Fähigkeiten zusammen.

Sinn bedeutet, dein Warum zu kennen und zu leben.

Gerade nach Krisen und traumatischen Erfahrungen erleben wir oft einen grundlegenden Wandel und eine Neuausrichtung im Leben. In Phasen der Krise und großen Herausforderungen stellen wir uns gerne die Frage nach dem Sinn oder dem Warum. „Warum ich?", oder „Warum ich nicht?", sind gängige Fragen. Diese Fragen sind wichtig. Sie sind eine Triebfeder im Leben und lassen uns unsere Werte, Identität und Ziele im Leben neu definieren. In diesen schwierigen Phasen brauchst du besonders ein klares und starkes intrinsisches Warum. Dein Warum ist deine Motivation, wenn alles drunter und drüber geht und nichts zu funktionieren scheint. Es erinnert dich daran, warum du in erster Linie losgegangen bist. In diesen Krisenzeiten sind wir oft konfrontiert von einer nicht enden wollenden, alles umfassenden Leere, einem Unverständnis, das begleitet ist von Trauer und Wut. Angesichts persönlicher Schicksalsschläge und in Anbetracht kollektiver Ungerechtigkeit, Armut oder Umweltkatastrophen fehlen uns oft die Worte und es fühlt sich leichter an wegzusehen, da es einfach sinnlos erscheint, etwas zu tun. Das Gefühl von Sinnlosigkeit und die Hoffnungslosigkeit, die damit einhergehen, ist der Boden der menschlichen Existenz. Doch die Entdeckung des Sinns geschieht schlussendlich durch die Konfrontation mit dieser Sinnlosigkeit und Leere. Es ist wieder einmal die Polarität, die hier im Spiel ist.

Diese Tiefpunkte werden auch die „dunkle Nacht der Seele" genannt. Manchmal müssen wir am Boden liegen, um wieder aufzustehen und den Sinn zu erkennen. Oftmals ist diese Erfahrung leider kein Punkt, sondern eine scheinbar nicht zu Ende gehen wollende Phase im Leben. Es ist ein Abtauchen in die Unterwelt, eine Schattenintegration, eine Metamorphose. Sie ist unsagbar schmerzhaft, doch sie ist auch so kostbar. Deine Identität stirbt, um wieder neu definiert zu werden. Es ist ein uralter "Stirb-und-Werde-Prozess", eine tief gehende Initiation in die Zyklen des Lebens. Ein Zyklus der Erneuerung und des Wachstums. Das Neue kann nur kommen, wenn du das Alte loslässt. Du kannst nur das Licht sehen, wenn du auch die Dunkelheit durchwandert hast. Erlaube dir in die Tiefe zu gehen und zu überwintern. Denn der Frühling kommt bestimmt. Es ist ein Gesetz.

Wie bereits erwähnt: Wenn du soeben einen fürchterlichen Verlust oder Schicksalsschlag erlebst, dann möchte ich dir ausdrücklich und aufrichtig mein Mitgefühl aussprechen. Suche dir professionelle Hilfe.

Doch ich lade dich auch ein, diese Sinnlosigkeit, die du vielleicht gerade empfindest, zu hinterfragen. Auf das Licht dahinter zu blicken und dich für den Sinn der Ereignisse zu öffnen.

Ein Buch, das ich dir hier ans Herz legen möchte, ist von David Kessler: *„Finding meaning“*. Er hat eng mit Elisabeth Kübler-Ross zusammengearbeitet und leistet wunderbare Arbeit im Bereich Trauerarbeit und Verlustbewältigung.

Ich wünsche mir für dich, dass deine Krisen und Traumata im Leben Quelle der Weisheit und Kraft sein mögen und dass du am Morgen aufwachst und fühlst, dass du ein mit Sinn erfülltes Leben lebst.

Ich habe für dich kraftvolle Meditationen aufgenommen, die dir besonders in Zeiten der Krise, in dunklen Momenten im Leben, eine Stütze sein sollen. In den Meditationen kommst du in Kontakt mit hochschwingenden Energien.

Du hast kostenfreien Zugang zu diesen Meditationen über die Bonusseite dieses Buches:

www.lisawallner.com/soulcreationbonusbuch

Im nächsten Kapitel geht es um die Energie der Wunder. Wunder entspringen dem Feld an unendlicher Liebe und Energie, das uns umgibt. Wenn du dich mit diesem Feld verbindest, wachst du in der Früh mit einem Gefühl von Motivation und Sinn auf. Es verleiht dir eine immense Sicherheit, einen unerschütterlichen Glauben und ein unwiderstehliches Charisma!

Wunder

In diesem Kapitel lernst du dich mit der Energie der Wunder zu verbinden. Wunder sind keine Möglichkeit, sondern eine Selbstverständlichkeit. Wenn du aus dem entsprechenden Bewusstsein und deiner eigenen Seelenfrequenz agierst.

Was ist ein Wunder?

Ein Wunder ist eine Berichtigung in der Wahrnehmung. Es ist ein Geisteswandel von der Angst hin zur Liebe. Vom Groll hin zu Vergebung. Wunder kommen plötzlich aus dem Nichts und bringen eine unerwartete, glückliche Wendung. Ein Wunder ist immer ein Geschenk, eine Gnade. Es ist eine Fügung, eine Synchronizität. Wunder brauchen keine Zeit, sie verkürzen sogar die Zeit!

Ein Wunder ist eine Intervention von außerhalb von Raum und Zeit. Es transzendiert die Gesetzmäßigkeiten von Raum und Zeit. Es ist ein außergewöhnliches Ereignis, aller Erfahrung widersprechend. Wunder ereignen sich als natürliche Ausdrucksform der Liebe. Dem „Kurs in Wundern" zufolge sind Wunder etwas Natürliches. Wenn sie ausbleiben, ist etwas schief gegangen. Sie sind auf der anderen Seite des Schleiers zu Hause, dort befindet sich ein ganzes Universum an Wundern. Es ist eine andere Dimension des Bewusstseins, in dem auch unsere Seele zu Hause ist. Je näher wir unserer Seele sind, desto mehr leben wir in Einklang mit dieser Bewusstseinsebene, wir agieren und manifestieren aus dieser Ebene heraus. Wenn du mit deiner Seelenfrequenz verbunden bist, erlebst du Wunder und Magie als Selbstverständlichkeit und keine Ausnahme im Leben.

Ein Wunder ist nichts anderes als die Erkenntnis, dass wir EINS sind. Trennung ist eine Illusion und wir haben keine getrennten Gedanken.

Wir können uns immer miteinander verbinden, auch wenn wir gerade körperlich getrennt sind. Unabhängig von Zeit und Raum.

Wenn du dich mit der Wahrheit und liebevollen Gedanken verbindest, sendest du eine Frequenz ins Universum, die Liebe und Wahrheit repräsentiert. Mache die Liebe zu deinem Ausgangspunkt und dein Leben wird auf wundersame Weise gedeihen.

Im Vorwort des „Ein Kurs in Wundern" heißt es:

„Nichts Wirkliches kann bedroht werden.
Nichts Unwirkliche existiert.
Hierin liegt der Frieden Gottes."

Ich hatte das große Glück, „den Kurs" mit 20 Jahren von meiner Mutter als Weihnachtsgeschenk überreicht zu bekommen. Ich öffnete das Buch und wusste sofort: Ich bin zu Hause. Ich spürte die Vibration der Wahrheit in jedem einzelnen Wort, das ich las. Ich habe damals begonnen, den Kurs intensiv zu studieren und das Geistestraining täglich zu praktizieren. Es hat mein ganzes Leben verändert. Wenige Jahre später bin ich in die USA geführt worden, in eine internationale Akademie für Lehrer von „Ein Kurs in Wundern". Die nächsten sieben Jahre waren gewiss eine der prägendsten Zeiten in meinem Leben. Sie waren bestimmt von Meditation, Lichtarbeit, Transformation und dem Studium des Kurses. Ich bin zwischen den USA, Spanien, Frankreich und Wien hin und hergependelt (wir hatten weltweit Zentren) und habe nebenbei ein Master Studium auf der Uni Wien absolviert. Wir hatten jeden Tag mehrere Stunden Unterricht und Meditation und ich habe bis heute Freunde auf allen Kontinenten dieser Erde, die ich während dieser Zeit in der Academy kennengelernt habe.

Wie können wir Wunder bewirken?

Das Gebet ist das Medium der Wunder.

Wir haben irgendwann aufgehört, an Wunder zu glauben. Doch wir haben alle ein natürliches Anrecht auf Wunder! Es ist quasi unser Geburtsrecht, Wunder zu empfangen. Jeder Mensch kann Wunder wirken und um Wunder bitten. Du kannst deine Frequenz und dein Bewusstsein so anheben, dass du in absoluter Resonanz und Kongruenz mit dem Feld der Wunder lebst. Wunder ereignen sich auf natürliche Weise in der Gegenwart der Liebe. Wähle die Frequenz der Liebe und du wirst ein Wunder nach dem anderen erleben. Dankbarkeit ist die beste Beschleunigung dabei. Übe dich in Dankbarkeit und du ziehst mehr Ereignisse an, für die du dankbar sein kannst. Wenn es dir schwerfällt, dankbar zu sein, dann übe dich in „Mikro-Dankbarkeit". Sei dankbar für jedes noch so kleine, aber nicht selbstverständliche Detail im Leben. Zum Beispiel: Ich bin dankbar zu atmen. Ich bin dankbar zu leben. Ich bin dankbar, ein Dach über dem Kopf zu haben. Dankbarkeit wird deinen Fokus sofort verändern. Du kannst dich unmöglich schlecht fühlen, wenn du dankbar bist.

Bist du bereit zu vertrauen, dass es dieses Feld der endlosen Liebe wirklich gibt und dass du Wunder bewirken kannst?

Es gibt nur Liebe oder Angst. Liebe ist das polare Gegenteil von Angst und Liebe ist der wahre Zustand unseres Seins. Nur die Liebe existiert und Angst ist eine Illusion. Wenn es endlose Hoffnungslosigkeit und Leere gibt, dann muss es auch endlose Liebe und Fülle geben. Das ist das Gesetz der Polarität. Das Wunder zeigt uns immer, dass die Liebe größer ist als die Angst. Ein Wunder ist die Brücke zwischen der Angst und der Liebe. Ein Wunder ist die Brücke zwischen dir und der Vergebung. Ein Wunder ist die Brücke zwischen dem Traum und dem Erwachen. Wenn du mit der Energie der Wunder manifestierst, manifestierst du aus dem reinen Bewusstsein.

Egal, wo du gerade stehst im Leben: Es gibt einen Weg. Und selbst wenn du den Weg noch nicht sehen kannst, das Wunder ist dieser Weg.

Im **Soul Creation®** Online-Kurs lernst du, dich mit dem reinen Bewusstsein und deinem inneren Licht zu verbinden. Mit dem Gutscheincode **soul** bekommst du auf der Seite www.lisawallner.com/soulcreation den Vorzugspreis.

Manifestiere Geldfluss durch Wunder

Marianne Williamson schreibt in ihrem Buch „Das Gesetz des göttlichen Ausgleichs" insbesondere über das Thema Geldfluss und die geistigen Prinzipien, die hier wirken. Sie schreibt, dass wir Fülle und Wohlstand im Leben manifestieren können, indem wir das Gesetz des göttlichen Ausgleiches für uns nutzen.

Jeder liebevolle Gedanke, den wir aussenden, kehrt zu uns zurück. Wenn unser Bewusstsein von der Energie der Liebe durchdrungen ist, werden wir früher oder später Geldfluss und Fülle im Leben manifestieren. Es ist ein geistiges Gesetz. Wenn du liebst, öffnest du dich für die Liebe und Fülle im Leben und diese Energie, die du aussendest, wird tausendfach vom Universum zu dir zurückkehren. Das

Gesetz von Ursache und Wirkung wirkt in all unseren Lebensbereichen. Es ist universell.

Geld ist ein Beitrag des Universums und das Universum kennt unsere Bedürfnisse und ist programmiert, sie zu erfüllen. Geld ist etwas sehr Neutrales. Es ist weder gut noch schlecht. Es sind unsere Paradigmen, die tiefsitzenden Programme im Unterbewusstsein, die gekoppelt sind an unsere Gewohnheiten, die unsere Ergebnisse bedingen. Dein Kontostand oder deine Ersparnisse spiegeln dir schlicht und ergreifend deine Beziehung zu Geld.

Probiere einmal Folgendes aus: Stell dir vor, Geld wäre eine Person und gib ihr einen Namen. Sieh diese Person wirklich plastisch und mach dir ihre Charaktereigenschaften bewusst. Beobachte deine Gedanken, Gefühle und vor allem die Reaktion deines Körpers, wenn du mit diesem Symbol in Kontakt gehst. Es ist hoch spannend und wird dir offenbaren, welches Paradigma zum Thema Geld gerade in dir wirkt.

Unser natürlicher Zustand ist äußerlicher Wohlstand und spirituelle Fülle. Um materielle Fülle im Leben zu manifestieren, ist es zunächst wichtig, diese Fülle auf allen Ebenen des Seins zu kreieren, indem du sie fühlst. Wie reichhaltig ist deine emotionale Innenwelt? Wie überschäumend und groß sind deine Ideen? Wie nährst du deinen Körper? Wie viel Fülle erlebst du spirituell im Sinne eines Stroms an Erkenntnissen und Energie? Etabliere Fülle auf all diesen Ebenen und die finanzielle Fülle wird eine selbstverständliche Konsequenz sein. Die sichtbare Welt wird den Reichtum deines Herzens widerspiegeln.

Dies ist auch meine ganz persönliche Erfahrung. Seitdem ich begonnen habe, meinen Seelenauftrag anzunehmen und wirklich seelengeführt von innen nach außen zu leben, erlebe ich Fülle und Wohlstand im Leben mit großer Selbstverständlichkeit und Leichtigkeit.

Um Fülle und Wohlstand zu manifestieren, empfehle ich dir insbesondere das Buch von Wallace Wattles: „Die Wissenschaft des Reichwerdens". Wallace Wattles schreibt, dass es wichtig ist, immer Mehrwert für andere zu schaffen, wenn du finanzielle Fülle und Wohlstand im Leben manifestieren willst. Hinterlasse jeden Menschen, dem du begegnest, mit einem Gefühl von Mehrwert und beobachte, was in deinem Leben passiert. Eine gute Frage ist: „Wie kann ich meine Talente einsetzen, um die Welt zu einem besseren Ort zu machen?"

Das Buch „Denke nach und werde reich" ist ebenfalls ein Klassiker auf diesem Gebiet. Napoleon Hill war Schüler von Andrew Carnegie, und er gab sein Wissen an Earl Nightingale und in der Folge Bob Proctor, einen meiner Lehrer, weiter. Als ich zu Bob geführt wurde, hat mich insbesondere diese Linie an Mentoren dazu bewogen, bei ihm zu starten und von ihm zu lernen. Ich hatte das große Glück, ihm noch zu Lebzeiten persönlich begegnet zu sein. Ich habe sofort gespürt, um welches Bewusstsein und uraltes Wissen es sich handelte. Die universellen Lebensgesetze wirklich zu verstehen ist essentiell, wenn wir unsere wirklich großen Ziele im Leben manifestieren wollen.

Werde Magnet für Wunder

Wunder sind im Feld der Einheit zu Hause. Dieses Feld ist immer da. Es ist das Feld der Wunder. Es ist der Raum, die Leere, das Bewusstsein, die Liebe. Du kannst zu einem Magneten für Wunder werden, indem du dich mit diesem Feld verbindest.

Je höher deine Energie ist, desto höher ist dein natürlicher Magnetismus für Wunder. Deine Gedanken und Gefühle bestimmen deine Frequenz und die Frequenz, die du aussendest, bestimmt deine Realität. Gleiches zieht Gleiches an.

Gib, was du empfangen möchtest. Sei großzügig und teile den Reichtum, den das Universum dir schenkt, und du wirst mehr Fülle und Reichtum anziehen. Wenn du in dieser Energie und Haltung lebst, wirst du automatisch zu einem Magneten für Wunder! Wunder kommen zu den Menschen, die sie für möglich halten und sich dafür öffnen. Du kannst Wunder in deinem Leben kreieren, indem du daran glaubst, dass sie möglich sind.

Wir leben in einem Universum der Polarität. Eine Polarität ist die zwischen männlich und weiblich und die spiegelt sich auch beim Manifestieren. Der Unterschied zwischen manifestieren und magnetisieren ist folgender: Magnetisieren ist eher eine weibliche Haltung. Wenn du magnetisierst, erlaubst du dir, dich komplett zurückzulehnen und zu empfangen. Wir sind in der westlichen Welt oft sehr im männlichen Prinzip und nach außen gerichtet. Lehne dich zurück und stelle dir vor, du bist ein Magnet für alles, was du willst. Lass das Universum liefern und sei die Schönheit und der Überfluss, der du bereits bist. Je mehr du dich selbst liebst und davon überzeugt bist, dass du wertvoll und unendlich schön bist, desto mehr wirst du zum Magneten für Wunder und Magie in deinem Leben.

Wir gehen in eine neue Zeit, in der alles noch schneller und leichter manifest wird. Doch diese Schnelligkeit kann für viele Menschen als Überforderung und Stress wahrgenommen werden. Meist ist es eine Bewertung oder ein Paradigma und nicht die Geschwindigkeit selbst, die stresst. Die neue Zeit braucht ein radikal neues Mindset. Im alten Mindset war Erfolg mühsam und nur mit Opfer zu erreichen. Im neuen Mindset und der jetzigen Energie sind die Wunder und Antworten da, noch bevor wir danach fragen.

Du kannst lernen, dich für die Energie der Wunder zu öffnen und absolut magnetisch werden. Beginne damit, Wunder für möglich zu halten und sie einzuladen. Sei der Raum der Erlaubnis dafür. Energie folgt der Aufmerksamkeit. Wenn du dich auf das Problem fokussierst, kreierst du mehr vom Problem. Wenn du dich auf Wunder und

Möglichkeiten fokussiert, kreierst du mehr davon. Es gibt mehr Wunder und Möglichkeiten, als du dir je vorstellen kannst. Es ist ein unbegrenztes Feld. Im singulären Feld der Wirklichkeit, dem Feld der unendlichen Liebe, gibt es keine Grenzen.

Lebe deine Magie

Wunder sind im Feld der Magie zu Hause. Im undefinierten Raum an der Schwelle. Im reinen Bewusstsein lebst du im Gewahrsein, dass du EINS mit der Quelle und der Gesamtheit der Existenz bist. Wohlstand und Glück sind nicht nur wahrscheinliche, sondern natürliche Begleiterscheinungen dieses erhöhten Bewusstseinszustandes.

Deine eigene Magie zu leben bedeutet, dass du deine Werte und Ziele im Leben kennst. Du lebst in Einklang mit dir selbst, deinen eigenen Werten, deiner eigenen Wahrheit. Das ist Integrität. Erfolg und Leichtigkeit entstehen durch Echtheit und nicht verbiegen, denn Verbiegen bedeutet letztendlich immer Opfer.

Vielleicht hast du dich schon oft verbogen? Wenn ja, dann frage dich: Wo hast du begonnen, dich zu verbiegen? Wo hast du begonnen, zu versuchen, etwas anderes zu sein, als du bist? Wo hast du versucht, einem bestimmten gesellschaftlichen oder familiären Rollenbild zu entsprechen? Erinnere dich immer daran, wer du wirklich bist. Du bist Schöpferin und Schöpfer deines Lebens. Erlaube dir, dir wirklich treu zu sein, deine eigenen Regeln zu schreiben und sie geltend zu machen. Erlaubnis ist der Ort, wo es keine Bewertungen gibt. Bewertungen sind lediglich ein Reflex. Es ist ein so tiefer Automatismus, eine Gewohnheit in uns, dass es uns nicht einmal auffällt, wenn wir es tun.

Vielleicht kennst du das: Eine Bewertung, ein bewertender Gedanke, auch wenn er nicht ausgesprochen ist, fühlt sich an wie ein Pfeil. In einem Dialog mit Menschen, die bewerten, auch wenn es subtil ist, fühlt man sich einfach nicht wohl. Meistens merken diese Menschen gar nicht, dass sie bewerten. Was passiert mit dem Gegenüber? Meistens fühlen wir uns unwohl und spüren, dass irgendetwas nicht stimmt. Wir fühlen uns wie hinein gezwängt in diese Projektion, in diese Bewertung, in diese Box, die da auf uns drauf projiziert wird. Was oft passiert ist, dass wir anfangen, uns der Bewertung gemäß zu verhalten, dass wir sozusagen in Reaktion zu der Projektion gehen und wir uns anders verhalten, als wir es natürlicherweise machen würden. Es ist ein Spiel. Wir verfallen in diese Rollenmuster und Reaktivität. Wiederum: Wichtig dabei ist, es zu erkennen, dass du aus dem Spiel aussteigen kannst.

Was wäre, wenn du die Menschen einfach in dein Herz schließt und nicht mehr bewertest? Wie würde dein Leben aussehen, wenn du komplett aus der Bewertung aussteigst? Wenn du dir viel mehr erlauben würdest, wahrzunehmen, zu beobachten und die Dinge neutral anzusehen als das, was sie sind. Ein Leben ohne Bewertung fühlt sich frei und leicht an. Du wirst zu einem Magneten. Ein Mensch, der nicht bewertet hat eine wunderbare, friedliche Ausstrahlung. Er strahlt etwas sehr, sehr Einladendes aus.

Trau dich, ein Wagnis einzugehen! Die Magie entsteht, wenn du Risiken voller Mut eingehst und nicht zurückhältst. Wir können auf Sicherheit spielen, wir können strategisch spielen, wir können uns einen Plan ausdenken. Das wird uns vielleicht ein vermeintliches Gefühl von Sicherheit und Kontrolle geben. Doch Kontrolle ist eine Illusion. Wirkliche Kontrolle und Sicherheit entstehen dadurch, dass du deine Kontrolle loslässt. Wenn du deine Kontrolle loslässt und bereit bist, das scheinbare Gefühl von Sicherheit aufzugeben, betrittst du den Raum der Magie.

Im reinen Bewusstsein lebst du in der Fülle und ziehst immer mehr Fülle an. Erinnere dich daran: Das Universum „matcht" nicht, was du willst, sondern was du bist. Wenn du die Fülle bist, wirst du mehr davon anziehen.

Als ich damals in die USA geführt wurde, habe ich mir Sinnfragen gestellt, auf die ich keine Antwort fand. Ich wusste nicht, was ich mit meinem Leben machen sollte. Ich hatte das Gefühl, irgendwie anders zu sein als viele Menschen und nicht hierher zu gehören. Ich fühlte mich fehl am Platz.

Wenn du dieses Buch liest, dann kennst du vielleicht dieses Gefühl? Vielleicht leidest du darunter. Doch vielleicht ist es genau diese Andersartigkeit, die deine Superpower ist. Um einen Unterschied machen zu können, musst du ein bisschen anders sein und außerhalb der Box, außerhalb der gängigen Paradigmen denken. Du musst dir erlauben, etwas Neues zu machen und Dinge wirklich zu wagen! Ich nenne diesen Wagemut gerne den „Christoph Kolumbus Geist" in uns.

Er hat daran geglaubt, dass es am anderen Ende des Wassers weiter ging und wahrscheinlich haben ihn 99 % der Menschen für verrückt gehalten. Doch er hat daran geglaubt und ist einfach losgefahren. Genau dieses Mindset und eine Prise Verrücktheit brauchst du, um mit der Energie der Wunder zu manifestieren. Deine Verrücktheit ist großartig! Dein Anderssein **ist** deine Seelenfrequenz. Es ist deine Einzigartigkeit. Es ist, was du bist. Sei es mit ganzem Herzen! In deiner Verrücktheit steckt dein gesamtes Potenzial. Wenn du etwas wirklich Großes kreieren möchtest, dann brauchst du eine Prise Verrücktheit und die Energie der Wunder. Du brauchst diesen Geist, der sagt: „What if?" Was wäre, wenn es möglich wäre? Du hast die Wahl. Du kannst dich in die kleine Box hineinzwängen, die „Realität" genannt wird, oder du kannst wählen, die Unendlichkeit und die Andersartigkeit, die Einzigartigkeit zu sein, die du bist!

Wann hast du begonnen, deine Verrücktheit abzulegen? Um dazu zu gehören? Wann hast du beschlossen, normal sein zu wollen? Wann hast du begonnen, die Lügen der Limitierung und Angst zu glauben?

Umgib dich mit Gleichgesinnten. Mit Menschen, die auch zu ihrer Einzigartigkeit stehen. Genialität und Wahnsinn hängen ja bekanntlich zusammen. Wenn du wirklich große Ergebnisse im Leben manifestieren willst, dann brauchst du Menschen um dich herum, die auch ein bisschen verrückt sind und an deine Visionen glauben: Umgib dich mit Menschen, die an dich glauben. Und selbst wenn du noch auf diese Menschen wartest, wenn du den Weg noch nicht sehen kannst: Sie sind am Weg zu dir. Erinnere dich daran, dass Wunder nicht nur möglich, sondern selbstverständlich sind. Das Wunder wird euch zusammenführen.

Unser Ego denkt immer in Angst und Limitierung. Es ist einfach die Natur des Egos, uns in einer Begrenzung halten zu wollen. Es wird immer sagen: Tue es nicht, verschiebe auf morgen. Jetzt ist nicht der richtige Zeitpunkt, wir sind nicht bereit, wir haben keine Ressourcen. Glaubst du wirklich, dass Christoph Kolumbus darauf gewartet hat, bereit zu sein? Oder bis er genügend Ressourcen hatte?!

Die Ressourcen werden auftauchen, sobald du dich entscheidest loszugehen. Es ist immer jetzt der richtige Zeitpunkt. Das Einzige, worauf es wirklich ankommt, ist deine Entscheidung und deine Erlaubnis. Erlaubnis bedeutet loslassen und tiefe Hingabe. Du lässt alles los, deine Erwartungen, deine Kontrolle, deine Angst und sogar die Anhaftung an das Resultat.

Du gibst die Reisekoordinaten ein wie bei einem GPS. Du darfst dem GPS des Lebens klare Anweisungen geben. Doch dann lass los und vertraue auf die Wunder, vertraue auf die universelle Ordnung und eine höhere Intelligenz!

Manifestieren mit der Energie der Wunder bedeutet, dass du dem Universum die Führung überlässt. Du fühlst in dich hinein, was deine Seele wirklich will und definierst deine Ziele in Einklang mit deiner Seelenfrequenz und dann überlässt du dem Wunder den Weg dorthin. Du lebst in absoluter Hingabe und absolutem Vertrauen.

Erwachen

Ich spürte von klein auf, in mir ein brennendes Verlangen aufzuwachen. Ich konnte diese Sehnsucht in jungen Jahren noch nicht benennen. Ich wusste nicht, was es genau war, wonach ich suchte, doch ich wusste: Es gibt mehr als diese materielle Welt und die spirituelle Welt ruft mich. Mit 20 Jahren hatte ich schließlich mein erstes bewusstes spirituelles Erwachen. Auf einem Meditationsretreat in einem Moment der absoluten Klarheit. Ich befand mich auf meinem ersten buddhistischen Schweigeretreat (Vipassana). In diesen 10 Tagen begibt man sich quasi in eine Kloster-ähnliche Situation. Männer und Frauen sind getrennt, Handys, Laptops und sogar Bücher verboten, es gibt einen strengen Zeitplan, der um 4 Uhr früh morgens mit Meditation beginnt und die einzige Möglichkeit zu sprechen sind 5 Minuten täglich (bei Bedarf) mit dem Meditationslehrer. Glaube mir, ich habe bei meinem ersten Vipassana-Retreat diese 5 Minuten jeden Tag genutzt und versucht, den Lehrer in eine Konversation zu verwickeln! Mein Geist kam einfach nicht zur Ruhe. Dieser entgegnete stoisch mit den immer gleichen Worten: alles geht vorüber, beobachte den Atem und die Körperempfindungen und zeigte sich nicht sehr motiviert, inhaltlich auf mein Konversationsangebot einzugehen. Dann begann ich über Fluchtwege nachzudenken und habe mir tagelang nur Gedanken darüber gemacht, mit welcher Begründung ich diesen Kurs vorzeitig beenden könnte! Ich wollte einfach nur raus. Doch eine tiefe Stimme der Gewissheit in mir sagte: bleibe. Es wartet ein Geschenk auf dich, es wartet das Gold. Und so blieb ich sitzen, aller Verzweiflung zum Trotz und irgendwann kapitulierte mein Ego.

Und da war es, das Gold. Es war am vierten Tag dieser zehn Tage während einer Meditation und es kam völlig unerwartet. Ich spürte nichts als tiefen, endlosen Frieden und das Gefühl, mein Leben lang nichts anderes gemacht zu haben, das zu meiner Überraschung außerdem begleitet war von dem Gefühl, nichts anderes mehr machen zu wollen, als zu meditieren! Ich saß stundenlang im Meditationssitz, ohne mich zu bewegen und verspürte pure Glückseligkeit und eine Stille in mir, die ich vorher nicht gekannt hatte. Dieser Moment dehnte sich und wurde zu Tagen. Es war eine Ruhe, eine Art von Gewissheit, die ich davor nicht kannte. Doch es fühlte sich vertraut an. Dieser Moment hat mein Leben grundlegend verändert. Mein gesamter Freundeskreis, mein Umfeld und meine Ziele im Leben waren danach wie ausgewechselt. Durch eine einzige Erfahrung, im Grunde genommen einen einzigen Augenblick, hat sich mein gesamtes Leben auf den Kopf gestellt und verändert. Ich betone: zum Guten verändert.

Diese Erfahrungen des Erwachens sind einzelne Augenblicke, die aber immensen Einfluss auf unsere Zeitlinien haben. Sie dehnen die Zeit und lassen uns einen Sprung nach vorne machen. Ein radikaler Shift im Bewusstsein geht meist einher mit Erkenntnissen, die die Ebene des rationalen Verstandes weit übertreffen.

Es ist eine Erinnerung an einen Seins-Zustand, der sich unendlich kraftvoll, verbunden und liebevoll anfühlt. Wenn wir in diesem Zustand sind, erscheint alles andere unwichtig. Sorgen, Ängste oder Zweifel sind wie weggewischt.

Manche Menschen erleben eine Art Erleuchtung, die eine einzelne, dramatische und signifikante Erfahrung im Leben ist. Andere Menschen erleben es vielmehr als sanften Prozess mit vielen kleinen „Erleuchtungen“ oder Momenten des Erwachens. Wie du es erlebst, ist nicht wichtig. Wichtig ist, dass du es erlebst.

Dein Erwachen ist keine Option, sondern eine Notwendigkeit. Denn das Ziel deiner Seele ist dein Erwachen. Die physische Welt ist Illusion oder ein Traum. Wenn du aufwachst, ist dir sonnenklar, dass du geträumt hast. Du weißt es einfach. Du erwachst zur Realität der Existenz und es gibt keinen Weg zurück, denn dein Bewusstsein ist für immer verändert worden. Du bist ein anderer Mensch, denn du hast dich an den uralten Klang deiner Seele erinnert.

Dein Erwachen ist absolut gewiss, denn alles hat bereits stattgefunden. Die Zeit an sich ist eine Illusion und alles ist bereits geschehen. Wir erleben unser Erwachen als einen Prozess in der Zeit, in Wirklichkeit ist es jedoch ein Moment, der bereits geschehen ist. Lehne dich zurück und vertraue.

Im reinen Bewusstsein lebst du in diesem Wissen und in purer Gewissheit. Du spürst eine tiefe Verbundenheit mit dem Universum. Das Universum drückt sich durch dich und als du selbst aus. Du erlebst keine Trennung, denn du erkennst die Singularität der Existenz. Du bist zu Hause angekommen. Du erfährst dich in allem und jedem und spürst die Verbundenheit mit der Quelle der Existenz. Dein wahres Selbst ruht in sich selbst.

Ich habe eine Zeit lang im Orchester Geige gespielt und kann mich genau an den Moment erinnern, an dem ich das Gefühl hatte, dass dieses Orchester nicht mehr viele verschiedene Musiker sind, sondern dass es wirklich ein Klang, ein Geist, ein Bewusstsein ist. Dieser Moment war magisch. Dieser Moment war der Moment, in dem ich das Gefühl hatte, dass etwas Größeres übernimmt. Dass unsere einzelnen instrumentalen Stimmen nicht mehr wichtig sind und wir EINS werden. Dass die Musik nicht von uns gemacht wurde, sondern durch uns floss.

Diese Bewusstseinsebene wird das reine Bewusstsein oder die Singularität genannt. Singularität ist die Einheit des Bewusstseins. Sie ist das polare Gegenteil zur Dualität. Sie ist das Wissen, dass du mit allem verbunden bist und dass du alles bist. Erwachen bedeutet nichts anderes, als die Singularität zu erkennen und aus dem Spiel der Projektion auszusteigen. Es ist einfach ein Wechsel der Perspektive, ein neues Bewusstsein, eine neue Frequenz. Doch was macht es oft so schwierig, diese Einheit zu erkennen? Es ist die Angst und der kollektive Sog, die uns daran hindern.

Stell es dir so vor: Es gibt ein persönliches Unterbewusstsein und ein kollektives Unbewusstes und du bist mit diesem Kollektiv verbunden. Dieses Kollektiv übt einen gewissen Sog aus. Der Weg der Meisterschaft, der Weg deines Erwachens, beinhaltet, dass du dich diesem kollektiven Sog entziehst und ihn überwindest. Der Weg der Meisterschaft ist nicht immer einfach, aber er wird dich befreien. Manchmal wirst du dich einsam fühlen, manchmal wirst du das Gefühl haben, du bist der einsamste Mensch auf dieser Welt und du wirst Menschen und Situationen hinter dir lassen, um frei zu sein. Die Frage ist: Willst du frei sein oder willst du dazu gehören? Um frei zu sein, darfst du dich von kollektiven Mustern und Lügen befreien und aus der kollektiven Trance der Trennung aufwachen. Du kannst daraus aussteigen, einfach in dem du es möchtest! Es ist deine Wahl.

Du kannst darauf vertrauen, dass die Menschen, die auf der Seelenebene wirklich zu dir gehören, die Teil deiner Seelenfamilie sind, sich nie wirklich verabschieden werden, auch wenn ihr vielleicht eine Zeit lang andere Wege geht. Was zu dir gehört, kannst du unmöglich verlieren. Doch wenn jemand sich wirklich aus deinem Leben verabschiedet, dann segne ihn. Ihr habt alles voneinander gelernt, was es zu lernen gab. Ihr seid euch entwachsen. Ihr habt euch die Geschenke überreicht, die es zu überreichen galt, ihr habt Prüfungen miteinander bestanden, mit mehr oder weniger Bravour. Ihr habt euch bereichert und beschenkt und jetzt ist es an der Zeit zu gehen. Mach deine Hände frei, damit du wieder aufnehmen kannst, damit du Neues in dein Leben einladen kannst. Es gibt immer mehr, als du denkst. Es gibt unendlich viele Möglichkeiten und Menschen, mit denen du sein kannst und von denen du lernen kannst.

Das letztendliche Ziel deiner Seele ist dein Erwachen, und das ist bereits geschehen. Dein wahres Selbst ruft dich zurück und erinnert dich daran, wer du wirklich bist. Du erinnerst dich daran, dass du wach bist, weil dein Erwachen außerhalb von Zeit und Raum stattfindet.

Dein Erwachen ist keine Veränderung oder Prozess, es ist einfach eine Re-Union mit dir selbst. Du erinnerst dich an das, was du wirklich bist. Du bist reiner Geist, reines Bewusstsein, unbegrenzt, unendlich.

Zu Beginn des Buches habe ich darüber geschrieben, dass das Universum eine namenlose Potenzialität ist. Eine unvorstellbar große Menge an Energie. Du bist Teil dieses Universums und es ist in dir enthalten in seiner Gesamtheit. Dein Erwachen ist eine Wiedervereinigung mit dieser Quelle. Du erinnerst dich an ein uraltes Wissen in dir, das dein Erbe ist. Du weißt einfach, wer du bist. Mit absoluter Gewissheit.

In diesem Bewusstsein lebst du verbunden mit dem Ur-Rhythmus, dem Ur-Atem des Universums. Du lässt dich atmen vom Universum. Du lässt dich bewegen und wirst geführt in jedem deiner Schritte. Du fühlst wie das Leben und die göttliche Intelligenz durch dich fließt, wie du gelebt wirst und dein Bewusstsein Gefäß ist für etwas Größeres. Dass dein Leben eingebettet ist in etwas Übergeordnetes, das heilig ist. Du spürst, dass du selbst heilig bist, dass du Teil des Geistes Gottes bist. Ein heiliger Gedanke im Geiste Gottes. Du bist in einem absoluten Zustand von Ruhe und Gewissheit. Das ist dein Erwachen. Dein natürlicher Zustand ist absolute, tiefe Glückseligkeit und Freiheit, die völlig losgelöst sind von äußeren Umständen. Du manifestierst aus der Seelenfrequenz ein Leben voller Freude, Sinn und Großartigkeit und leuchtest anderen Menschen den Weg mit deinem Licht, deiner Gewissheit und deiner Freude.

Abschließende Worte

Ich hoffe, du hast beim Lesen dieses Buches viele Erkenntnisse gewinnen können und bist inspiriert und aufgeladen mit guten Energien! Dass du Einblicke in das Mysterium des Unterbewusstseins bekommen hast sowie deine Intuition und deinen Glauben an Wunder gestärkt hast.

Ich wünsche mir für dich, dass du dich mit deiner Seelenfrequenz verbunden hast und dich daran erinnert hast, wozu du hier bist. Dass du für deine großen Ziele konkrete Action Steps definiert hast. Falls du noch keine Ziele definiert hast, dann ist **jetzt** der richtige Zeitpunkt, damit anzufangen!

All diese Erkenntnisse gilt es jetzt umzusetzen, denn eine Erkenntnis, die nicht in die Tat umgesetzt wurde, ist wertlos. Traue dich loszugehen und lasse deine Ziele Realität werden. Hab keine Angst vor deinem Licht und deiner Größe. Du bist hier, um zu strahlen!

Ich unterstütze dich gerne dabei, deine Seelenvisionen umzusetzen, wirklich zur Tat zu schreiten und mit der Energie der Wunder zu manifestieren. Jetzt ist der beste Zeitpunkt, den **Soul Creation® Online-Kurs** zu starten. Hier geht es mit dem Gutscheincode **soul** zum Kurs:

www.lisawallner.com/soulcreation

In diesem Kurs wirst du dein Wissen noch einmal vertiefen, es festigen und vor allem durch kraftvolle Meditationen und Videos in deine klarste und höchste Energie kommen. Ich freue mich auf dich!

Denn ich wünsche dir vor allem eines: den Mut wirklich loszugehen für deine Träume und nicht länger zu warten. Ich wünsche mir für dich, dein volles Potenzial zu entfalten und nach den Sternen zu greifen. Ich wünsche mir für dich, dass du deine Zeit auf dieser Erde nutzt und einen Unterschied machst.

Denn wie gesagt: Du bist ein Geschenk für diese Welt und die Welt wartet auf dich.

Willkommen zu Hause.

Danksagungen:

Ich bedanke mich bei meinen Eltern für alles, was durch sie zu mir geflossen ist und für dieses Leben, das ein so wunderbares Geschenk ist.

Danke an alle Menschen, die mein Leben berührt haben und deren Leben ich berühren durfte.

Ich danke meinen Lehrern und Mentoren für all die Inspiration und Unterstützung.

Und ich danke dem Universum für seine unfassbar große Intelligenz und mächtige Schönheit.

Ich danke dir, dass du dir Zeit genommen hast, dieses Buch zu lesen.

Mögen wir nie vergessen, wer wir sind und wozu wir hier sind.

Jetzt ist deine Meinung gefragt:

Lass mich gern wissen, wie dir das Buch gefallen hat.

Hinterlass mir gern eine Rezension auf Amazon oder schreib mir direkt auf team@lisawallner.com.

Du findest mich auf Social Media unter diesen Links:

www.facebook.com/groups/soulcreation1
www.instagram.com/lisawallner_coaching

Ich freue mich, wenn wir auch dort verbunden sind.

Ich danke dir und freue mich auf dein Feedback.

Deine Lisa

Haftungsausschluss:

Das vorliegende Buch wurde sorgfältig erarbeitet. Dennoch erfolgen alle Angaben ohne Gewähr. Weder Autorin noch Verlag können für eventuelle Nachteile oder Schäden, die aus den im Buch gemachten praktischen Hinweisen resultieren, eine Haftung übernehmen. Die Benutzung dieses Buches und die Umsetzung der darin enthaltenen Informationen erfolgen ausdrücklich auf eigenes Risiko. Rechts- und Schadenersatzansprüche sind ausgeschlossen. Die in diesem Buch enthaltenen Angaben wurden von der Autorin nach bestem Wissen erstellt und sorgfältig überprüft. Inhaltliche Fehler sind dennoch nicht völlig auszuschließen. Angaben erfolgen ohne jegliche Verpflichtung des Verlages oder der Autorin. Beide übernehmen daher keine Haftung für eventuelle Unrichtigkeiten, die Vollständigkeit der Inhalte des Buches oder für Druckfehler.

Zur leichteren Lesbarkeit hat sich die Autorin für die männliche Schreibweise entschieden. Die im Buch gewählte männliche Form bezieht sich immer zugleich auf weibliche, männliche und diverse Personen.

Quellenangaben:

Beckwith, Michael B.: Life visioning

Byron, Katie: Lieben was ist

Ein Kurs in Wundern, Greuthof Verlag

Hawkins, David R.: Die Ebenen des Bewusstseins

Hill, Napoleon: Denke nach und werde reich

Holliwell, Raymond: Working with the Law

Kessler, David: Finding meaning

Seiler, Laura Malina: Mögest du glücklich sein

Wattles, Wallace D.: Die Wissenschaft des Reichwerdens

Williamson, Marianne: Das Gesetz des göttlichen Ausgleichs

Williamson, Marianne: Rückkehr zur Liebe

Printed in Poland
by Amazon Fulfillment
Poland Sp. z o.o., Wrocław

94873714R00074